陪孩子一起在学习中成长

柴一兵◎编著

北京工业大学出版社

图书在版编目（CIP）数据

陪孩子一起在学习中成长/柴一兵编著. —北京：北京工业大学出版社，2015.2（2021.9重印）

ISBN 978-7-5639-4195-7

Ⅰ.①陪… Ⅱ.①柴… Ⅲ.①学习方法-家庭教育 Ⅳ.①G791②G78

中国版本图书馆CIP数据核字(2015)第011789号

陪孩子一起在学习中成长

编　　著：	柴一兵
责任编辑：	符彩娟
封面设计：	胡椒书衣
出版发行：	北京工业大学出版社
	（北京市朝阳区平乐园100号　邮编：100124）
	010-67391722（传真）　　bgdcbs@sina.com
经销单位：	全国各地新华书店
承印单位：	唐山市铭诚印刷有限公司
开　　本：	787毫米×1092毫米　1/16
印　　张：	14
字　　数：	190千字
版　　次：	2015年2月第1版
印　　次：	2021年9月第2次印刷
标准书号：	ISBN 978-7-5639-4195-7
定　　价：	39.80元

版权所有　翻印必究

（如发现印装质量问题，请寄本社发行部调换　010-67391106）

前　　言

"知识改变命运",而知识的获取需要靠不断地学习积累。著名作家王蒙说:"一个人的实力绝大部分来自学习。"可见,学习对于每个人都非常重要,一个人无论是在学生阶段,还是步入社会之后,都需要通过不断的学习来保持自己的竞争优势。信息化时代的到来,更需要每个人都具备一定的学习力,才能保证自己不被时代的洪流冲垮。作为成长阶段的孩子,学习知识无疑是最为重要的内容。学生阶段的学习不仅仅是为了完成学校的功课,更是为了掌握终身受用的技能和本领,是为孩子提供一把打开未知大门的钥匙。

从目前在读中小学生的学习现状来看,主要存在的问题有自制力差、学习效率低、厌学等。孩子学习成绩的优劣固然和自身的先天因素和后天努力密切相关,但家长的教育方式和关注程度也会对孩子的学习造成很大的影响。因此,培养孩子的学习能力需要家长和孩子共同努力,用科学的方法引导孩子,从而让孩子将学习视为一件趣事,以具备终身学习的能力。

本书选取了一些孩子学习过程中遇到的具有代表性的问题，从实际出发进行了详细的分析，有助于家长和孩子解决学习中遇到的具体问题。全书从培养学习兴趣、制订学习计划、讲究预习复习的方法、抓住文理科学习的要点等不同的方面着手，通过10章的篇幅进行了详细的讲解。每一节都是从孩子亟待解决的学习问题入手，最后为家长和孩子提出切实可行的解决办法。

本书最大的特点是生动形象、思路清晰、章节安排合理。全书的10章内容，每章一个主题，在主题之下又分为若干个相关的小节，每节又各成独立的小主题。这样的章节结构，方便家长和孩子的阅读，不会如阅读长篇小说一般出现情节的中断，完全可以根据时间灵活安排，即使时间很少也能够读到完整的内容。同时，每节中都会穿插一些生动的关于学习的事例，内容简单易懂，非常适合孩子的阅读兴趣。希望通过本书的阅读，能够为您和孩子提供一些有益的学习思路和方法，让学习成为一件快乐的事情。

我国著名的教育家叶圣陶先生说过："培育能力的事必须继续不断地去做，又必须随时改善学习方法，提高学习效率，才会成功。"我们相信，家长和孩子在看完这本书后，可以真正地找到有效的学习出路，从而大幅度提高学习成绩。

目　　录

第一章　学海无涯，学习其实没有那么烦

良好的学习习惯是培养出来的 …………………………003

明确学习动机才能获取学习动力 …………………………007

如何培养孩子的学习兴趣 …………………………………011

让孩子的学习态度端正起来 ………………………………014

为孩子营造一个良好的学习环境 …………………………018

孩子爱学习离不开父母的示范作用 ………………………021

第二章　学无止境，学习要有合理的计划

巧排时间，学习、生活如此简单 …………………………027

学习计划也需"私人定制" ……………………… 030

远离拖延，让孩子爱上学习 ……………………… 032

让孩子学会从时间里"淘金" ……………………… 035

让孩子树立"日事日清"的学习原则 ……………… 038

不要让学习占用孩子的假日时光 ………………… 042

第三章 好学不倦，让孩子学会课前预习

预习，为孩子的学习加速 ………………………… 047

让孩子学会安排预习的时间 ……………………… 050

确定预习目标，提高预习效率 …………………… 053

预习要因"科"制宜 ……………………………… 056

把预习的方法传授给孩子 ………………………… 059

第四章 学而不厌，想学好要先学会听课

用心听课，让孩子事半功倍 ……………………… 065

课堂提问，让孩子大胆举起手来 ………………… 068

听课要"眼观三路，耳听一方" ………………… 071

用好笔杆子，快速提高孩子的学习成绩 ………… 075

如何教孩子在课堂上快速记忆⋯⋯⋯⋯⋯⋯⋯⋯⋯⋯⋯⋯079

第五章 温故知新，让孩子做好课后的复习工作

当天的知识要当天消化⋯⋯⋯⋯⋯⋯⋯⋯⋯⋯⋯⋯⋯085

让孩子学会制订合理的复习计划⋯⋯⋯⋯⋯⋯⋯⋯⋯088

把握重难点，提高复习效率⋯⋯⋯⋯⋯⋯⋯⋯⋯⋯⋯091

复习要分阶段进行⋯⋯⋯⋯⋯⋯⋯⋯⋯⋯⋯⋯⋯⋯⋯094

目录复习法，让复习轻而易举⋯⋯⋯⋯⋯⋯⋯⋯⋯⋯097

让孩子学会试卷复习法⋯⋯⋯⋯⋯⋯⋯⋯⋯⋯⋯⋯⋯100

第六章 学以致用，不要让孩子忽视作业的重要性

用作业检验孩子的学习效果⋯⋯⋯⋯⋯⋯⋯⋯⋯⋯⋯105

像考试一样认真地做作业⋯⋯⋯⋯⋯⋯⋯⋯⋯⋯⋯⋯109

做作业也有巧方法⋯⋯⋯⋯⋯⋯⋯⋯⋯⋯⋯⋯⋯⋯⋯112

要学会从错题中总结经验教训⋯⋯⋯⋯⋯⋯⋯⋯⋯⋯116

做完作业别忘了做检查⋯⋯⋯⋯⋯⋯⋯⋯⋯⋯⋯⋯⋯119

陪孩子一起
在学习中 成长

第七章 开卷有益，良好的阅读习惯让孩子更受益

让阅读成为一种爱好和习惯 ····················· 125

培养孩子快速阅读的能力 ······················ 128

广泛阅读，可能扩大孩子的知识面 ················· 132

阅读要有始有终，看完一本再看下一本 ··············· 135

不动笔墨不读书 ·························· 139

多感官并用，提高阅读效率 ····················· 142

第八章 博闻强识，好记性是练出来的

在理解的基础上记忆 ························ 149

比较记忆法，让孩子轻松分清新旧知识点 ·············· 152

一张好图表是孩子记忆的"神器" ················· 155

联想法，为孩子的记忆力插上"翅膀" ··············· 158

学会总结和归纳，让记忆力突飞猛进 ················ 161

多做题也能加强记忆 ························ 165

在交流讨论中加强记忆力 ····················· 168

第九章 水滴石穿，学好文科在于不断积累

语文学习要"内外"结合 …… 173

好作文必须多读、多写、多练 …… 175

学习古诗词并不难 …… 178

中学生如何学英语 …… 181

初中生学习历史、政治有窍门 …… 184

第十章 熟能生巧，学好理科妙招一二三

理科学习解题思路比结果重要 …… 191

日记不是语文的专利 …… 194

结合生活培养孩子的物理感觉 …… 197

教孩子用故事法巧记化学知识 …… 200

文理结合才能学好生物 …… 202

理科学习要善于总结 …… 206

第一章 学海无涯，学习其实没有那么烦

良好的学习习惯是培养出来的

潇潇的妈妈是一名初中的数学教师,她希望潇潇以后能出国留学,获得更好的教育,所以特别关注潇潇的学习成绩。

可能是由于妈妈的影响,虽然潇潇是女生,但是她一点都不排斥数学。

潇潇的妈妈平时会让她思考一些具有趣味性的数学问题。

"如果你从装着黑色和蓝色袜子的抽屉里拿出两只袜子,它们配成一对的可能性较小。但是如果你从抽屉里拿出3只袜子,是不是不管成对的那双袜子是黑色还是蓝色,最终都会有一双颜色一样的?那如果抽屉里有3种颜色的袜子,蓝色、黑色和白色,你要想拿出一双颜色一样的,至少必须取出几只呢?"潇潇的妈妈问道。

"取出4只袜子。"潇潇想了一会儿说道。

"那如果抽屉里有10种不同颜色的袜子呢?"妈妈又提出了更难的问题。

"那就必须拿出11只。"潇潇快速地回答道。

"看来我们潇潇已经掌握到窍门了!"妈妈高兴地夸奖潇潇。

通过这些有趣的问题,潇潇渐渐地喜欢上了数字和那些有趣的数学思维方式。

在妈妈精心的训练下,潇潇的数学思维变得越来越好,思路越来越开阔,反应越来越灵敏。她的数学成绩在学校总是数一数二。

潇潇每次考试的数学成绩都不错，但是妈妈对她并没有太多的表扬，反而对于一些她学得不太好的科目，妈妈一发现潇潇有了进步就会买礼物奖励她。

每次考试成绩出来后，潇潇的妈妈不会总和她探讨班里的同学都考得怎么样，谁进步了，谁退步了，而是会帮她分析试卷，探讨她最近在学习中遇到的困惑。

一次学校组织大家参加数学竞赛，班主任便让她代表学校去参加市里面的竞赛，带队的老师回来后很感慨地向潇潇的妈妈说了一件事："那天比赛之前，我们去得太早了，孩子们很无聊，我看大家都在玩什么天天跑酷之类的游戏，但是我发现潇潇没有用手机玩游戏而是在记英语单词，你们家潇潇怎么那么自觉呢？"

"那就是她的习惯而已，"潇潇的妈妈笑着说，"我们俩最近在比谁的英语词汇量大，每天早上她一直都会去我们小区下面的花园记一会儿单词再去上学，但是那天因为比赛地点太远，要去很早，她就没有背单词，她那是在抽时间完成自己的计划呢。"

很多家长都像故事里潇潇的妈妈一样看重孩子的学习成绩，学习成绩确实是孩子在学校学习效果的证明，但是一些家长把它当成检测孩子学习能力的唯一标准则过于片面，家长们应该像潇潇的妈妈一样不仅重视孩子学习的结果，而且要关注孩子学习的过程，给予孩子适当的指导。学习成绩是一个结果，会受到很多因素的影响，具有偶然性。学习能力则是孩子经过长时间训练而转化成的一种具有主动性和创造性的实践能力，具有稳定性。所以孩子的学习能力对于他们的发展更加重要，家长应该更加注重对孩子学习能力的培养，让孩子养成良好的学习习惯。

升入初中后，学校的生活规律与小学相比发生了很大的改变，上学的时间变早了，课余的活动时间变少了，作业变多了，学习的科目增加了……面对新环境的变化，孩子小学阶段的生活习惯和学习习惯已经不能让他们继续更加深入地学习，提升自己的学习能力，所以家长必须帮助其做出适当的调整，这样才能让孩子在初中的学习中有所突破，达到良好的学习效果。

生活中大量的案例向我们证明了成绩优秀的学生一定具有良好的学习习惯，良好的学习习惯一旦培养成功，便用不着孩子刻意要求自己去做什么事，他们会产生在一定的学习情景下自动地去进行某些活动的特殊倾向，会主动在生活中的任何时间和地点学习。所以说，良好的学习习惯对孩子的学习来说是极其重要的，家长可以把培养子女良好学习习惯的方法融入孩子日常的行为习惯和生活习惯中，让他们在不知不觉中培养自己的学习能力。下面列出了一些培养孩子良好学习习惯的方法供家长参考。

1.帮孩子制定的课外学习的小任务，让孩子利用零散时间完成

要在规定的时间完成规定的学习任务。把每个规定的学习时间分成若干时间段，根据学习内容，为每个时间段规定具体的学习任务，并要求孩子必须在一个时间段内完成一个具体的学习任务。这样做，可以减少乃至避免学习时走神或注意力涣散的情况，有效地提高学习效率。还可以在完成每个具体学习任务后，产生一种成功的喜悦，使自己愉快地投入到下一时间段的学习中去。

2.让孩子利用好自己的笔记

首先，教孩子规划好自己的笔记本。对上课要做笔记的内容进行规划，有选择地记，在笔记的格式安排上，也要做个计划，比如可以在每页笔记的右侧画一竖线，留出一些空白，用于课后查漏补缺，或写上自己的心得体会，左侧剩余的大半页纸用于做课堂笔记。记笔记一定要有重点，要条理清晰，另外，可以教孩子用一些速记的方法，以提高笔记效率。可以简化某些字词，建立一套适合自己的书写符号，只要孩子自己能看得懂就可以。

其次，教孩子学会利用自己的笔记。上课记笔记可以帮助孩子专心听讲，防止走神。孩子听课的时候可以对重点内容、疑难问题、关键语句进行"圈、点、勾、画"，但是课后要及时对自己这样比较随意的笔记进行整理，这也相当于一次对知识的复习。课后的笔记要把课上的笔记进行梳理和系统化，是对课上笔记的再次利用。

最后，教孩子反复对自己整理后笔记进行复习，可以把笔记作为孩子晨读或者晚读的内容。通过课上做笔记、课后整理笔记、反复复习笔记这三种方法就能够将笔记的价值完全地体现出来。

3.教孩子复习自己以前学过的知识

如果说课前预习的工作只是能让孩子提前熟悉老师上课要讲的内容，对于孩子自己掌握新知识没有太多的作用，那么我们可以让孩子忽略预习的工作。但是在孩子学到新知识后，复习工作直接影响到孩子能否达到最好的学习效果。如果孩子没有进行及时的复习，强化记忆，那么孩子这一天的学习时间就白白浪费了，孩子什么都学不到，只是在上课的时候"瞬间记忆"了一会儿，第二天又都忘记了。

孩子每天写作业的过程就是在对新知识进行复习，所以家长要督促孩子及时完成老师布置的作业，对作业中存在的问题，认真寻找解决的办法。作业写完后，要想一下它的主要特征和要点，以收到举一反三的效果，加强对新知识的记忆。但是仅仅靠写作业的方式复习一次是不够的，家长要及时了解孩子最近的学习状况，随时随地解决一些有关他近期所学知识的问题，已达到反复训练的效果，这种比较分散的复习方式也不会给孩子造成很大的负担，使他们感到厌烦，还能起到巩固知识的效果。

第一章　学海无涯，学习其实没有那么烦　◇

明确学习动机才能获取学习动力

孩子的学习成绩会受很多方面因素的影响，而学习动机就是提高他学习成绩的内在动力。学习动机是孩子在客观上对学习的一种认知与态度，它能体现孩子对知识价值观的认识，对自身学习能力的认识等。学习动机对孩子的影响是否强大，就取决于他的抱负与坚持了。

小民是个学习成绩一般的孩子，尤其是当他上初中之后，他的成绩就一直没有太好过。小民的成绩虽然不好，可是他是个很容易着急上火的孩子，他每次考不好都会很郁闷，然后就会在那段时间内给自己很大的压力，增加了他的心理负担，从而更加不能轻松愉快地学习了。

有一天，老师在给同学们讲课的时候，为了帮助他们缓解学习紧张的气氛，就主动与同学们交流感情，然后问他们说："你们现在学习累不累？想学吗？"

"累，可累可累了，老师给我们放一节课假，让我们出去玩一会儿吧。"大家异口同声地回答。

"那可不行啊，你们真累吗？怎么感觉是在起哄呢？"老师反问道。

小民其实也是这样回答的，而且他认为学习真的很累，他很不愿意去学习。可是没想到的是，经过老师这样的问话之后，有很多同学都承认了他们是在起哄，然后说出了自己对学习真正的看法。

班长先给大家起了个带头作用，他说："其实也谈不上多累，无论是学习还是做事，哪有不累的呢？主要是看我们应该怎么去看待这件事，我们感觉学习轻松，那么它就轻松。如果我们认为学习很累，那么它就一定很累。"

老师说："说得对，这是态度问题。还有呢？谁还有什么看法？"

每次考试都能考班级前三名的一个同学站了起来说："很多同学都问我，为什么我学习会那么好。其实，这很简单，我是为了我自己而学，我有我学习的乐趣，我为我的理想而努力，所以，我才能学得这么好。"

这位同学说完之后，得到了老师以及全班同学雷鸣般的掌声。在那之后又有同学纷纷起来回答问题，有人说自己是为了家长而学，有人说自己是为了考试而学，还有人说自己是为了提高成绩后家长给的奖励而学，等等。

小民在这段时间里一直都很沉默，他无法理解同学说的为自己而学的含义，同时还认为这个同学是在装腔作势。他不知道自己为什么要学习，他只知道每个孩子都要上学，上学才能有出息。可是有出息是什么意思呢？这个问题在他的心里徘徊了好久都无法找到答案。

例子中的小民就是一个学习动机不明确的孩子，他不知道自己为什么要学习，也就没有学习的动机，才会导致他认为学习是乏累的，他学习成绩也因此无法提高。不仅如此，他还认为班级里其他有理想抱负的同学是在装腔作势，从而导致他在思想上没有端正自己学习态度的意识。

学习动机的表现形式有很多，比如，为了达成自己的愿望、给家长的承诺，兴趣所致等，这些都是孩子在学习时的动机。但是，有些事情对一些孩子有很大的激励效果，可是对另一些孩子就可能没有太多的影响。因此，这些动机会因孩子的自身情况不同，产生对他们不同的激励效果。

在孩子没有学习动机时，就需要家长的细心帮助了。家长可以按照自己对孩子的了解与生活阅历，帮助孩子找到学习动机，这样才能让他乐于学习，从而提高学习成绩。以下方法供家长参考。

1.家长的赞扬是孩子最大的动力

当孩子上初中之后，有很多家长都会认为他已经大了，或者感觉他要到叛逆期了，然后就有意识地减少对其在学习上的干涉，其实这样的做法是有欠考虑的。在这时，家长可以减少一些对孩子的约束，但是不能减少对孩子的鼓励。家长的赞扬不仅是孩子前进的动力，也是与他沟通感情的桥梁，因此，家长可以用这样的方式帮助孩子明确学习动机，提高学习动力。

比如，当孩子感觉到学习乏累，或者遇到学习上的难题时，家长就可以鼓励他说："加油，你是最棒的，学习哪有那么累啊？只是你的心理作用而已。上次那个难题你都做出来了，这次一定能成功。"

孩子听到家长这样的鼓励之后，他就能有很大的信心去学习，从而提高学习效率。因此，家长应该多鼓励孩子学习，从而达到强化孩子学习动机的目的。

2.让孩子懂得自我激励

无论是家长的鼓励，还是孩子自己的激励，都属于强化动机理论的内容，这也是比较基本的刺激他学习动机的方法。因此，在家长鼓励孩子的基础上，还应该让他懂得进行自我激励，这样才能让他长时间地维持自己学习的热情。

让孩子进行自我激励的方法有很多，第一，挑战自我。当孩子在学习过程中取得了某些小成就时，千万不能扬扬得意，而是要把这次成就当作自己下次努力的目标，争取在下次学习或者考试中超过这次的成绩，这样才能让他有目标有动力地学习。

第二，心理暗示。家长要让孩子学会对自己进行积极的心理暗示，经常对自己说"我能行"、"我很愿意学习"、"我一定能学会"之类的话。这样不仅能让他在观念中转变自己对学习的态度，还能激励他努力学习，从而提高学习成绩。

除了这两个方法之外，还有很多方法可以用，比如，让孩子有再不学习时间就不够了的紧迫感，让他有考试成绩下降之后，会得到惩罚的恐惧感，让他又得到成功喜悦的成就感，等等，这些都是让孩子进行自我激励，增加他学习动机的方法。但是，家长要知道物极必反的道理，这些方法有利也有弊。因此，孩子在用这些方法时要方法得当，否则会影响他的学习成绩。

3.帮助孩子立志

有理想的孩子往往都会有强大的学习动机，因此，家长要帮助孩子立志，让他成为一个有理想有抱负的孩子，从而明确他的学习动机，提高他学习的动力。家长在帮助孩子立志时不能盲目地效仿他人，而是要根据孩子自身的情况找到属于他自己的追求，这样才能让他更加乐于学习，更加努力地拼搏。

立志最简单的方法就是让孩子知道自己长大以后要上什么高中，念什么大学，做什么工作。这个可以根据孩子的学习情况而定，不能把志向立在他的能力范围之外，否则不仅无法提高他的学习热情，还会导致他对学习、对自己失去信心。

如果孩子不懂得为以后的事情考虑，或者像例子中的小民一样不知道自己为什么学习时，家长就应该对其细心引导，让他懂得选择高中甚至大学对他以后发展的影响，让他懂得努力学习的必要性。当他懂得这些道理之后，他就能对自己的未来有一定的规划，并且有动机地学习了。

如何培养孩子的学习兴趣

学习兴趣是孩子对某种未知事物的一种求知欲，是一种积极对待学习的情绪状态。学习兴趣是可以帮助孩子满足想要研究或者获得某种知识的一种精神力量，如果他在学习的过程中，对某个学科产生了兴趣，那么他就会专心致志地去学习它，从而提高自己的学习成绩。

学习兴趣可以分为直接学习兴趣和间接学习兴趣。直接学习兴趣是在学习过程中，根据所学的内容，比如教学材料、教学内容、教学形式等直接引起的兴趣爱好。间接学习兴趣是经过某些结果或者某些事物而对孩子学习心态产生了影响之后，产生的有一定自觉性的学习兴趣。

孩子对学习的兴趣直接影响着他的学习态度，一般学习兴趣浓厚的孩子，往往都能主动学习，并且能在学习中找到学习乐趣。这样的学习状态不仅能提高学习效率，还能使他的学习兴趣更加浓厚，这样周而复始的学习状态就是孩子学习的最佳状态。而相反地，学习兴趣不浓厚的孩子，不仅会影响他的学习成绩，还会使他对学习甚至对生活也失去热情。

小楠是个兴趣爱好非常单一的孩子，平时也很少参加除了学习之外的课余活动。因此，她就比别人多出很多时间来学习，学习成绩比较优异。

很快，小楠就结束了小学的学习，步入了初中的生活。可是，当她上了初中之后的成绩就大不如从前了。小楠在上课时，经常会出现注意力不集中的现象，课下也没有以前那么努力学习了。

其主要原因是小楠在学习中遇到了很多不会的知识点，并没有及时解决。这些不会的知识越积累越多，最后导致她跟不上老师上课的进度，她也因此而失去对学习的兴趣。于是她就感觉学习越来越枯燥，对自己的学习能力也没那么大的信心了。

不仅如此，她也受到了很多情绪因素的影响。比如，由于她的课余活动比较少，因此，她就能把大量的时间用来学习。可是，她的努力与收获不成正比，那些每天都玩得很多的孩子比她的成绩优秀很多。这样的结果就在她的内心中产生了很大的心理压力。

小楠对学习的兴趣逐渐减少，甚至出现了厌学的情况。尤其到了初二的时候，她发现自己不会的知识越来越多，听老师讲课就像听天书一样，因此，她不仅对学不懂的学科产生了抵触情绪，也对之前有兴趣学习的学科也产生了厌学心理，她的成绩又下降了很多。

例子中的小楠就没有找到学习的乐趣，每天都机械化地学习，没有合理运用自己课余的休息时间。从而导致她的学习效率非常低，考试成绩不如那些既对学习充满热情又热爱生活的孩子。在这时，家长就应该给予她一些鼓励与引导，从而培养她的学习兴趣。

学习兴趣是能进行长期培养的，一般间接学习兴趣可以在学习过程中转化成直接学习兴趣，而直接学习兴趣是一种可以长期坚持的，可以提高孩子学习成绩的有利因素。因此，家长要善于运用这两种不同类型兴趣的特点，帮助孩子提高学习兴趣，改善学习状态，提高学习成绩。以下方法供家长参考。

1.培养孩子多方面的兴趣

有很多孩子在面对生活时的热情并不高涨，因此，他们就无法对某些事物产生兴趣。这样的状态如果不及时改善，就会改变他们对以前感兴趣的事物的态度。就像例子中的小楠一样，她就对除了学习之外的事情都不感兴趣，促使她在之后的学习中也提不起兴致，学习成绩大不如从前了。

现在的生活是多元化的，有很多有利于孩子成长的活动与事物。家长应该让孩子勇于尝试新鲜的事物，这样才能提高他对未知事物的好奇心，从而对其产生兴趣。首先，家长可以带着孩子出去玩玩，散散心，缓解一下紧张的学习气氛。当他放松心情，才能发现生活中的美好，才能对事物有兴趣。

家长还可以在不影响孩子学习的基础上让他学习一些自己喜欢的事物，比如舞蹈、乐器、画画等。这些是孩子的一些课余爱好，如果运用得当，不仅可以帮助孩子丰富课余活动，还能帮助他提高对所学事物的兴趣，从而间接地提高他对学习的兴趣。

当孩子能对某些喜欢的事物产生兴趣时，家长再从旁引导孩子对学习的兴趣，这样才能取得事半功倍的引导效果。

2.帮助孩子找到学习的乐趣

学习对于一些孩子来说是一件比较枯燥乏味的事情，有很多孩子都对学习没有兴趣。家长在教导这些孩子时，不能急于求成，而是要对他进行长期的引导与培养，让他能逐渐对学习产生兴趣，从而逐渐提高学习成绩。

提高孩子对学习的兴趣大致可分为两个步骤，第一，让孩子感觉学习有趣。其实学习并不枯燥，枯燥的是孩子对学习的态度。因此，家长要让孩子找到学习中有趣的地方。比如，化学中有很多有趣的实验现象，生物中有很多奇特的生物习性，数学中有比较好玩的逻辑推理等。这些都是每个学科有趣的地方，家长要让孩子善于发现这些有趣的知识点，才能让他对学习的看法发生转变。

第二，把有趣变成兴趣。当孩子找到学习中的乐趣时，就会对其产生好奇心，也就产生了求知欲。这时，他对学习的看法就不再那么极端了，而是能从多角度看待学习，并且能不再抵触学习了。再经过家长的引导与鼓励，他就能把从学习中找到的乐趣变成自己想去学习的兴趣。

当孩子经过以上两步转变之后，他对学习的态度就会从原来的被动学习转变成主动学习，进而提高自己的学习成绩。

3.让孩子学会控制情绪

有很多孩子在学习时的兴趣会受到情绪的影响，情绪低落时学习效率很低，情绪高涨时学习效率就有所提高。但是情绪太高涨了也会对其产生影响。因此，家长要让孩子学习情绪的控制，让他能把自己的情绪稳定在一个良好的范围内，这样才能提高他的学习效率。

当孩子情绪低落时，可以想一想开心的事，或者让自己兴奋的事。比如，完成作业之后就能去玩了，或者考试成绩好了之后就能得到家长给的奖品了，再或者学习成绩优异了之后就能得到某些人的认可与肯定了，等等。这些方法不仅能让他控制自己的情绪，还能保持他对学习的兴趣，让他能更加乐于去学习。

让孩子的学习态度端正起来

学习态度是指孩子对学习所表现出来的一种比较稳定的心理倾向，它一般可以概括为孩子对待学习内容的看法，对待学习过程的态度，以及他对待老师和学习的意见等。它是由孩子对所学课程的认知、在学习过程中对其产生的情绪与情感，以及他对学习的反应倾向所构成的。

其中，认知是学习态度的基础，而情绪与情感才是学习态度的核心。孩子无论是喜欢学习，还是抵触学习，这都是一种学习态度，并且决定了他学习的好坏。良好的学习态度有利于孩子在学习时更加努力，对学习的兴趣更加浓厚，学习成绩也能稳步提高，而不良的学习态度会对孩子的学习造成消极的影响。

　　小冰是个自制力比较差的孩子,他不爱学习,而且很贪玩。小冰已经是个初三学生了,前两年的初中生活,他都没有很努力地学习。眼看就要中考了,他的这个不良习惯受到家长的严厉管教之后,终于得到了改善。他下定决心要努力学习,争取考上理想高中。

　　小冰的思想得到转变之后,他就开始努力听课,并且认真复习。可是,就在他刚刚做一会儿作业之后,他就感觉自己好像已经学了好久,应该歇一歇了。于是,他就放下书本,开始做其他事情。

　　妈妈看到小冰又没有学习就问他说:"你怎么又没学习啊?不知道你怎么答应妈妈的吗?"

　　小冰说:"我马上就去学,刚才已经学了一会儿了,我歇一会儿。"

　　妈妈听到他这样的话,就没多说别的。可是,小冰就这样一拖再拖,拖到了晚上作业还没有写完。在他刚刚进入状态,做出来点儿感觉时,就到了睡觉的时间。他就只好安慰自己说:"今天太晚了,明天起来再写吧。"

　　到了第二天,他起来得很晚,到学校之后没差几分钟就要上课了。课代表的作业马上就要收齐了,小冰看自己的作业写不完了,他为了交作业就只好抄写别的同学的作业了。

　　上课的时候,由于天气炎热,大家都很犯困。有很多同学担心自己睡着或者听课状态不佳,就主动站起来听课。小冰也一样,站到了后面。可是,站了一会儿他就感觉腿很酸,然后就回到了座位上,没过多久就睡着了。

　　小冰在这样的学习状态下根本无法把知识学懂,因此,他在考试时的成绩完全没有起色。眼看就要中考了,家长很为他着急,可是不知道应该如何帮助他。

例子中的小冰就是一个学习态度很不端正的孩子,他在学习时不懂得坚持,不能吃苦,经常做一会儿作业之后就做不下去了。他对自己的要求也很低,总是认为学一会儿就可以了,累了就能歇着了,他这样的学习态度直接影响了他的学习成绩。

学习态度对孩子学习的影响是很大的。首先,学习态度决定着孩子的学习效率与学习效果,没有良好的学习态度就无法取得理想的成绩。其次,学习态度影响孩子在学习时的忍耐力,如果孩子的学习态度不端正,他就无法持之以恒地学习。最后,学习态度也影响孩子对学习的行为能力以及学习兴趣。

综上所述,良好的学习态度是提高孩子学习成绩的关键因素,因此,家长要帮助孩子端正学习态度,从而提高他的学习成绩。以下方法供家长参考。

1.让孩子明确学习目标

学习态度是孩子对学习的一种看法,如果他在学习时没有明确的目标,那么他就没有坚持下去的动力,也就会在学习上出现迷茫的状态,影响他学习的效率。因此,家长要帮助孩子明确学习目标,让他有目的地学习才能提高成绩。

学习目标并不一定是什么大的理想与抱负,它可以是让孩子在短时间内完成的任务,也可以是需要他长时间坚持的目标。家长要把这两种目标结合到一起,然后合理地帮助孩子设定目标,才能让他的学习态度更加端正,以免出现眼高手低的情况。

首先,家长要帮助孩子设定一个远大的目标,比如,让孩子以高考为目标，以后的工作为目标，以自己成为理想的人才为目标，等等。这样的目标能让他把目光放得更加长远，抱负更加远大。

其次，设立短期内的目标，比如，让孩子在某次考试中取得什么样的进步，在某段时间里要他提高一定的成绩等。这样的短期目标是帮助他实现远大理想的基础与关键因素，有了在完成这些短期目标时的成功与失败，才有他继续努力的动力。

当孩子有这样的目标之后，他才有明确的学习目的，他才能端正自己的学习态度，并且懂得为了自己的理想而奋斗。

2.让孩子学会制订学习计划

制订学习计划是帮助孩子提高学习成绩的有效方法，让他通过学习计划来完成学习任务的过程，就是帮助他锻炼学习心态的过程，从而端正他的学习态度。所以，家长要让孩子学会制订学习计划，让他能持之以恒地有条理地学习，就会提高他的学习成绩，并且有助于他总结出一套适合自己的学习方式。

学习计划的制订能帮助孩子有效地完成短期目标，孩子在制订计划时，要量力而行，不能急于求成，否则就会出现经常无法完成计划的情况，从而影响孩子对自己的信心和对学习的态度。当他能很好地完成简单的计划之后，再加大任务量，才能让他循序渐进地端正学习态度。

3.让孩子懂得坚持，敢于吃苦

学习并不是一项很轻松的事情，需要孩子拥有勇于坚持、敢于吃苦的精神，否则就会影响他对学习的态度，从而不愿意学习了。家长要注意这一点的培养才能更有利于端正孩子的学习态度。

坚持学习也不是一项急于求成的事情，它同样需要一个循序渐进的过程。在刚开始时，家长可以让孩子少学一会儿，然后慢慢地增加学习时间，从而提高孩子学习的持久度。当他在学习时能坚持不出现烦躁的情绪时，就说明他的学习态度就已经端正很多了。这时，他在学习时就能更加从容，成绩也会随之提高。

为孩子营造一个良好的学习环境

环境对孩子的成长有很大的影响作用，俗话说近朱者赤近墨者黑，就是这个道理。古有"孟母三迁"的著名典故，说的就是孟母为了给孩子创造一个良好的学习环境，把自己的家搬了三次。孟子也因此而饱读诗书，成为一代伟人。倘若孟母没有这么做，就很可能让孟子受周围不良环境的影响而无法读书。由此可见，学习环境对孩子学习的影响是多么的重要。

良好的学习氛围能增加孩子求知的欲望，让他更加乐于学习，并且对其充满了兴趣与信心。当他学累了，或者出现厌学心理时，也会因此缓解自己的情绪，尽快恢复到良好的学习状态。当然，学习环境不可能都是良好的，还会有很多较差的学习环境。当孩子在这种环境下学习时，对他不利的影响是不可忽视的，不良的学习环境对孩子的影响力有可能会超过良好环境对他的影响力，因此，家长要格外注重此事。

小迪是个喜欢学习的孩子，她有自己的作息时间，每天都能按时按量地完成作业，以及预习和复习学习内容。家长也因此对小迪的学习很放心，就不再过多地督促她的学习了。

小迪上初中之后，由于爸爸工作的原因，她们搬到了一个新家。这里的环境没有之前那个家理想，她的房间很简陋，没有写字台，也没有书架，她学习的座位也很不舒服。这样的状况对她学习时的心情影响很大。

不仅如此，小迪所在的小区特别乱，每天晚上在楼下都有很多小孩嘻嘻哈哈地玩耍着。家里的隔音效果很不好，小迪每天在学习时，都会被这些声音吵得心烦意乱，根本没有心情去学习了。

这样的情况过了一段时间之后，小迪开始对这个学习环境产生厌烦心理了，并且在每次学习时都无法像以前那样集中精神了。小迪的爸爸每天忙于工作，没有时间管理她学习。妈妈虽然能叮嘱她几句，可是也不能专心陪她学习。家长经过商量，决定让小迪住校，以便给她创造一个良好的学习环境。

很快，小迪就办了住校手续，她对这里的生活也充满了向往。这里的环境的确比家里好，没有了喧杂的吵闹，所有人都能一起学习，这让小迪感觉很欣慰。可是，这样的状态还没过多久，就发生了变化。

学校的宿舍里，不仅有很多喜欢学习的，也有很多贪玩的同学。这些同学对小迪的影响要比在家里那个嘈杂环境的影响大很多，小迪受到这些不爱学习的孩子的影响，自己也变得没有以前那么积极了。

在一次考试中，小迪的成绩下降得很快。可是，无论她再怎样着急，她都无法静下心来学习，无法抑制自己不想学习的心理。家长知道了小迪的情况之后，就把她接到了家里，决心要给孩子创造一个良好的学习环境。

例子中的小迪原本是个自制力比较强的孩子，她在学习时不用家长过多地操心，并且能坚持每天按时按量地完成学习任务。可是，当她搬家之后，她的学习状态就大不如从前了。新的学习环境比之前的环境要差很多，首先，她学习的位置很不舒服，影响了她学习时的心情。其次，小迪家的邻居们都非常吵，影响了她的专注力。最后，当她住宿之后，受到了很多同学的影响，促使她也出现了不想学习的心态，她的学习状态也因此变得很差。当小迪的家长发现这个状况之后，再想进行弥补就有些迟了。

由此可见，不良的学习环境对孩子的影响是很大的，家长要及时注意这个问题，从而帮助孩子营造一个良好的学习氛围，尽量不要因为不良的学习环境给孩子的学习成绩带来影响。以下几点建议供家长参考。

1.帮孩子创造一个良好的物质环境

现在孩子的学习任务比较繁重，有很多孩子也因此而出现厌学的情况。这时，学习地点对孩子的影响就尤为重要了。良好的学习地点能让孩子的心情更加舒畅，这样他才能用良好的心态去面对学习，否则就可能会因为环境问题而出现厌学的心理。

以小迪为例，她的学习环境就是这样，房屋布置非常简陋，并没有营造出适合学习的氛围，她也因此而影响到了她学习时的心态，导致她的学习成绩降低了很多。因此，家长要多加注意孩子的学习状态，及时根据他的情况做出调整。

第一，房屋环境要整洁。孩子生活的环境对他的心情影响很大，如果房屋很脏乱就会影响他学习时的心情。因此，家长要把孩子的卧室打扫干净，让他的学习环境更加安逸。

第二，固定的学习地点。家长要尽量避免孩子过多地换学习的地点，否则就会出现对新地方不适应的状况。因此，孩子的卧室要有一个舒适并且清洁的写字台，当他经常在一个地方学习时，有助于他养成良好的学习习惯。

第三，良好的外交环境。在孩子学习的时间内，家长尽量不要做干涉他学习的活动。比如，避免亲戚朋友来家里做客，或者是家长自己看电视及听歌等活动。这些活动对孩子的学习状况都会有一定的影响。

当家长做好以上三点之后，孩子的学习环境就能有所改善，他就能更加安心地学习。

2.给孩子营造一个良好的非物质环境

孩子的学习环境分为非物质环境与物质环境两种,以上讲的是物质环境对孩子学习的影响,下面给家长说几条非物质环境对他的影响。物质环境是外在的因素,如果孩子有较强的自控能力或者坚强的意志力,那么他就能克服不良的物质环境影响。但是,非物质环境就不那么简单了,不良的非物质环境会使孩子心烦意乱,严重影响他的学习与生活。

营造好的非物质环境主要指的是不要给孩子过多的心理负担。首先,家长不要把自己生活上的压力带给孩子,这样会促使他在学习时分心,影响他的学习效率。也可能会因为此时导致他的学习压力非常大,对他的学习产生阻碍作用等。

其次,家长尽量不要吵架。无论孩子处于哪个年龄段,对他们的心理影响最大的就是家长。如果家长经常吵架,那么就会对他的心理产生很大的精神负担,甚至会让孩子产生逆反心理。因此,家长尽量不要吵架或者不要让孩子知道家长吵架了,否则,不仅会影响孩子的学习状态,还会影响他的生活状况。

最后,家长要尽量让孩子开心地学习,让他的生活更加轻松,更加多彩。比如,家长利用孩子的假期带他去旅游或者是吃东西等,帮他放松心情。这样能使他紧绷的学习状态得以放松,更有助提高孩子的学习成绩。

孩子爱学习离不开父母的示范作用

进入初中后,不仅孩子的学习压力在增大,而且孩子的学校、老师、同学也都发生了变化。而初中阶段还是孩子青春期的开始,由于孩子年龄的增长，家长们会发现，以前叽叽喳喳围在身边说话的孩子变得越来越沉默、越来越愿意自己想事情而不告诉家长了，孩子在生理与心理上面临着很大变化。孩子渐渐地在自己身边成长，但是他们的想法总会和自己有很大的差别，家长们经常会产生这种感慨。家长们的生活经历和孩子从小的生活有很大的差异，家长对自己的孩子感到既熟悉又陌生。

黄露是一名初中二年级的学生，他的父母都在外企上班。虽然父母都很重视黄露的学习，但因为工作繁忙，他们平时根本没有时间陪伴黄露，也很少带他出去玩。前几年黄露的妈妈只是公司的一名主管，晚上还能帮他辅导功课，几个月前妈妈被升为了经理，每天忙得脚不沾地。一家三口每天只有在晚上和早上吃饭的时候才能说上几句话。

有时候遇到父母都需要加班的时候，黄露放学回家后就得自己吃些剩菜剩饭，然后再做作业、洗漱，然后一边看电视一边等爸爸妈妈回家。后来，父母经常加班，黄露就适应了自己一个人吃晚饭、一个人做作业、自己先睡觉的生活。后来在同学的影响下，黄露迷上了网络游戏，爸爸妈妈回来得又很晚，不知道黄露经常打游戏打到十一二点，通常他都是在父母回来之前刚刚睡下。就这样，黄露的学习越来越不在状态，经常在上课时打瞌睡，甚至旷课到网吧打游戏。

在初二的期末考试中，黄露考得一塌糊涂，当他把成绩单拿给妈妈时，妈妈惊讶地问："你怎么会考到倒数几名的？"黄露一句话也不说。他的父母通过老师才知道孩子迷上了网络游戏，妈妈十分后悔没有及时发现孩子的问题，没有花时间好好管孩子。

事例中的黄露父母因为工作繁忙，顾不上关心孩子的学习，忽视了对孩子的教育，导致其成绩急速下降，还养成了不良的生活习惯。在现实生活中有很多家长都和他们一样，虽然都希望自己的孩子能出人头地过得比自己更幸福，但却因为种种原因没能对孩子进行正确的教育。很多家长都把孩子的学习问题完全交给学校和老师，经常和老师说"孩子在家从不学习，一点儿都不听我的话，他的学习就得靠您来督促了"，或"孩子就交给您了，您说的话最管用，孩子在家什么都不告诉我"此类的话。

现在的初中生是生活极其丰富的"00后"，他们从很小的时候就开始接触肯德基、麦当劳，很早就开始玩电脑、手机。他们每天都会面对各种新鲜事物的诱惑，生活中又有太多的选择，很难做到专心学习。

孩子进入初中后，家长明显比小学阶段更加关注他们的学习，对他们提出了更高的要求。但是初中阶段孩子的学习不再仅仅是他们自己的事情，也会受到家庭环境的影响，同时和家长的教育方式息息相关。面对孩子进入初中后的复杂变化，家长不能把孩子完全推给学校和老师，毕竟孩子最熟悉和最信任的人还是家长，孩子初中阶段的学习和家长息息相关。家长要尽快帮助孩子适应这种变化，为他们初中阶段的学习营造良好的氛围与环境，并提供适当的家庭学习方法。下面列出了一些陪伴孩子度过初中生活，帮孩子在学业上取得成功的建议供家长参考。

1.家长要注意培养孩子良好的学习习惯

家长在让孩子吃好、住好、生活好的同时还要让孩子养成良好的学习习惯，比如，每学期开学之初，家长应该和孩子一起坐下来，从孩子的实际出发，与孩子详细讨论一些话题，这学期的目标是什么，应该怎样度过，对于每周固定的空余时间应该怎样安排，这学期的课程中有哪些是难点，怎样安排每天的预习、复习。这样才能帮助孩子在学期之初就形成文字的计划。在此后的学习过程中，可以不定时地检查孩子计划的完成情况，及时地根据学习的情况调整计划。很多孩子进入初中以后，很难找到适合自己的学习方法，这时候家长可以帮助孩子总结与整理参考书、试卷，帮助孩子分类、归纳、总结。这项工作不是家长买两个文件夹就让孩子自己去干就可以了，而是要和孩子一起对每一本书、每一份试卷进行整理。在试卷的卷头可以写上这份试卷的问题所在，标出孩子需要注意的地方以备复习的时候看。这样，孩子就可以在和家长愉快工作的氛围中积累很多的经验，掌握到适合自己的学习的方法，养成良好的学习习惯，孩子的学业自然而然会取得不错的成绩。

2.做爱学习的家长

家长对待学习的积极态度能够在很大程度上增进孩子的学习热情。家庭氛围对于初中生而言是非常重要的，如果家长沉迷于打麻将，孩子也不会对学习产生浓厚的兴趣。要想让孩子学习进步，家长自身就需要先提高。因此，家长要尽量做学习型父母，热爱读书，善于发现问题，并能够从书本中找到答案，做孩子无声的榜样。

3.家长不要因工作忽视和孩子的相处，要主动了解孩子

初中阶段是孩子一生发展的关键时刻，处于青春期的他们特别容易迷失自我。大部分孩子的初中阶段正好也是家长在事业上打拼的重要阶段，但是家长不能因为工作而忽视了对孩子的教育。

初中生在学校的时间占用了生活中的大部分时间，家长要抓紧孩子在家的时间多和孩子沟通，需要注意的是，家长不要专门挑孩子不喜欢的话题，譬如："最近，学校考试了没有？"而是要以孩子感兴趣的话题为主，进行认真的倾听与交谈。更要学会观察孩子的情绪变化，主动询问孩子的学校生活、人际关系、学习困难等。当孩子出现了问题，家长不要急于先摆出自己的态度与意见，而是应该先让孩子说出他的想法，这样融洽的家庭氛围可以让孩子带着愉快的心情学习。

第二章　学无止境，
学习要有合理的计划

巧排时间，学习、生活如此简单

小学时，张华学习很优秀，成绩名列前茅。同时，他还参与了很多课外活动，例如拉丁舞、绘画等，课余生活十分丰富。可是升入初中后，他逐渐感觉到时间不够用了，经常不能按时完成作业，学习成绩逐渐下降。

有一次，为了参加学校组织的歌唱比赛，张华每天都要进行练习和排演。可是，这时已经临近期中考试了，各科作业都是有增无减。张华每天都要写到深夜，好多次他写着写着就睡着了，第二天只能胡乱写写甚至干脆不交。最后，张华在那次的考试中考砸了，班级排名退步了十几位，数学只考了61分，差点儿就不及格。

他苦闷，也很着急。张华的这种状况终于引起了老师和家长的重视。老师和父母为张华制订了合理的学习计划。在这张时间安排表中，张华的学习时间和课外活动时间得到了合理的安排。张华听从老师、家长的安排，严格执行时间安排表。经过一段时间的调整，他的学习和生活逐步回到了正轨。从此以后，张华的学习和生活很少再出现原来那种匆忙慌乱的状况了。

两年以后，张华更是以全校第七名的成绩升入了市重点高中。他还在继续参加的各类文体活动以及竞赛中获了很多奖。

升入高中以后，张华的课业负担又加重了，不过他没有因此而放弃他喜爱的课外活动。他已经学会如何合理地安排时间了。

由小学升入初中时，很多孩子都会有诸多不适应。升入初中以后，孩子的课业负担逐渐加重，课程难度逐渐加大，他们短时间难以很快适应。家长自身能力有限，对孩子的指导也会越来越困难。有时，随着孩子长大，家长也会有意或无意地放松对孩子的提醒。如果孩子自控能力和自学能力不好，就很容易产生像张华一样的问题，长此以往就会严重挫伤学习的积极性。

孩子逐渐进入了青春期。青春期是孩子人生态度和人生价值观初步形成的重要时期。如果孩子在这个时期学习受挫，没有形成良好的学习习惯，很可能影响他的心理状况、人际交往能力、人生观等。

因此，家长要帮助孩子制订合理的学习时间安排，并且严格监督孩子执行，让孩子最终成为一个做事有计划有条理的人。

德国伟大的哲学家康德从小体弱多病。传说他一生都没有离开超过家100英里（1英里≈1.609千米）的范围。他能够成为一个伟大的思想者家得益于一张生活时间安排表。在这张时间安排表里，包含了早上几点起床、散步几小时、几点吃饭、几点写作、几点会客等很多细节安排。这些完备而严苛的时间安排为他的学习、思考和创作做了充足的保障。

我们的孩子可能无法像这位伟大的哲学家一样，在生活中计划安排严格到如此地步，可是至少在学习中，我们要引导孩子学习这种精神，帮助孩子形成良好的学习习惯。

在为孩子做学习时间安排时，以下几点建议供家长参考。

1.充分了解孩子的学习情况

家长在制订学习时间安排表之前要充分地了解孩子的学习情况。只有这样，才能保证学习安排的可行性。孩子的学习状况涉及很多内容，包括孩子每天上什么课、留了哪几门功课，还包括孩子的优势科目和劣势科目、孩子的学习能力和学习进度。

家长要和孩子保持经常性的交流。在交流中，家长可以随时了解他的学习情况和心理状态。家长在做学习计划的时候，要让孩子理解做这种安排的必要性和意义。让孩子在心里认同学习安排，就能更好地执行了。

2.长期安排与短期安排相结合

学习时间的安排分为长期安排和短期安排。长期安排包括整个学年、每个学期的安排。家长要根据孩子的学习状况和学校的课业任务安排大致的学习阶段。比如说，孩子的数学不好，同时本学期新开设了一门物理学，那么在长期的时间安排中就要加大数学和物理的比重，明确每个星期学几次，每次学多长时间。

短期时间安排包括在一周、一天中的学习安排。内容涉及课程类别、每门课程学的知识点、复习的内容、预习的内容、专练的疑难问题等。

3.劳逸结合，循序渐进

学习是一个漫长的过程，一定要把握好学习的时间和学习的强度。时间不要密集，任务也不要繁重。否则，孩子学习的效果不好，孩子执行计划的热情会被挫伤。家长最终的目的是让孩子有条理有计划地去学习，从而能够合理掌控学习与课外活动，不至于顾此失彼。

4.逐步放手，让孩子学会自己制订学习时间安排表

家长要让孩子逐步参与到学习计划的制订当中去，直至他可以独立安排自己的学习时间。这样，当孩子升入高中或大学，一样可以独立自主地学习。

在制订时间安排的时候，家长要培养孩子的参与意识，让他自己来决定自己什么时间干什么，家长来给他把关，这样的安排是否合理，是否需要修改。

同时，家长要让孩子了解如何制订学习时间安排。那么，当他在制订计划的时候不会出现大的问题。

陪孩子一起
在学习中 成长

学习计划也需"私人定制"

在2011年5月，当很多高三学生还在为即将到来的高考而日夜奋战时，铜陵市第一中学的高三理科生钟磊已被保送读清华大学。

在介绍自己学习经验的时候，钟磊告诉大家，"学习脚踏实地重规划，各科均衡发展不偏科"是他最重要的学习经验。钟磊在高一时就为自己制订了学习计划，并且严格执行。他的优势就是各科均衡发展，没有偏科现象。"清华大学注重的是数、理、化等各科的均衡发展，这几科一科都不能偏废。"他这样说，"英语不好也是不行的，对以后会有很大影响。"

因此他的学习时间安排非常注重对各个学科的合理安排。每个学科的特点不同，学习方式和思维方式都会有所不同，难易程度也会有差异，所以在安排学习时间时就要有所侧重，这样科学合理的学习计划才能更有效。

钟磊的学习经验是非常值得家长们借鉴的。在孩子学习的过程中，经常会遇到这样或那样的问题，其中较普遍的就是各学科的均衡发展问题。钟磊在这方面做得比较好。现在学生要学习的科目是很多的，只有各个学科均衡地发展，才能保证他的整体成绩。钟磊能得到清华大学的录取，一个很大的优势就在于此。

家长们可能也听说过这样的状况：某个孩子学习成绩还不错，可是就是有一两门学科特别差，以至于拉低了他的整体成绩。这种状况就是我们通常所说的偏科现象。这种偏科现象对孩子的学习影响特别严重。为了尽量减少这种现象的发生，家长要按照学科特点为孩子制订学习计划与安排。学习科目的繁多和部分科目的难度偏大常常使孩子学习起来手忙脚乱，没有条理。如果孩子按照安排计划去学习，就会轻松很多。

英语和数学的学科特点是不同的，英语注重于单词语法的积累和口语的应用，需要的是记忆力和理解能力。而数学更强调计算和分析，需要的是思维的严密和灵活。因此，在制订学习计划的时候一定要有所侧重，不能制订诸如"数学一小时，英语一小时"这样的无效计划，而应该根据不同的学科制订具体而详细的学习计划。

唯有如此，才能够保证我们制订的计划科学、合理、高效，使孩子的学习进步，为将来的深造打好基础。按照学科制订学习计划，以下几点建议供家长们参考。

1.文理学科交叉安排

如果让大脑长时间地重复同一种思维，会产生疲劳感，效率也会降低。这样，当孩子长时间地学习同一门学科的时候，就会感到疲劳，导致心情烦躁，学习效率低下。

一般情况下，学科可以分为偏文科的学科和偏理科的学科。语文、英语、历史等学科偏文，数学、物理、化学等学科偏理，家长可以帮助孩子据此安排学习计划。还要注意的是，尽管同是偏文的学科，它们还是会有诸多细微的差异，在安排时还是要根据科目的不同，灵活安排。

2.根据学科难易程度安排时间

有时候会经常发生这样的情况，孩子明明已经做了学习计划，而且也努力地执行了计划，可是学习成绩就是没有提高。此时，家长就要想一想，是不是因为学习计划制订得不够合理，没有抓住重点学科，做了很多的无用功。

所谓的重点学科，是指那些分值比较大的、比较难学的科目。比如说数学科目所占的分值很高而且也比较难学。物理也是如此。在学习时间的安排中，就要注意不能让它们所占的时间比其他的科目少。

孩子的学习成绩不是由一门科目决定的，它是所有所学科目的平均水平的体现，也是孩子综合素质的体现。一旦孩子所有的注意力都集中在重点的科目上，那么他就没有更多的时间来顾及其他的科目了。

最好的方式是在保证自己的优势科目的情况下，再来努力攻克劣势科目，优势科目保证了孩子们的学习成绩稳定，劣势科目的攻克可以成为学习成绩提高的保障。

3.每学科细分安排

每一个科目里都是有很多知识点的，家长对孩子的学习安排，不但要细分到科目上，更要细分到每一个知识点上。有时候，只是为孩子安排复习哪一个科目，孩子也不知道如何来学习这个科目。

在做一张时间安排表的时候，如果只是标注了每一个科目学习多长时间。那么，当我们执行这个计划的时候就会遇到很多的困扰，比如说，家长为孩子安排了学英语40分钟，孩子也不知道在这段时间要学习哪些内容，是英语口语还是单词，是听力还是语法，抑或是阅读应用等。只有我们清楚地给英语科目仔细分项以后，我们才能够执行计划，提高英语的综合素质。其他的学科也是这样的，必须给每个科目按照学科的考点和知识点进行细分安排，孩子才能很好地执行计划，最终提高学习成绩。

远离拖延，让孩子爱上学习

正在上初一的小玲，在寒假即将结束的最后一个晚上挑灯夜战，补自己没有做完的假期作业。她总是想，假期还很长，明天再做。就像很多中学生一样，她有拖拉的坏习惯，经常把假期作业一直拖到开学的前一天才能完成。不但假期作业是如此，平常的学习也是如此。虽然小玲是一个很聪明的孩子，老师讲的课她总是理解得很快，但是她的学习成绩却很不理想。在刚刚结束的期中考试中，她的成绩只排在全班的三十多名。

在平时，她对自己应该干的事情也总是一拖再拖。老师和同学从来也不会委托她干什么事情，因为就算她满口答应也会一直拖着不做，直到约定的期限到了她才草草完成。

有一次，老师让小玲带领几名同学参加学校组织的学雷锋活动，去敬老院打扫卫生。按照约定，周末时小玲需要为大家准备好要用的抹布。但是直到那天早上她才开始慌慌张张地准备，以至于耽误了大家出发的时间。对于同学的抱怨，小玲自己也觉得很愧疚。

事例中的小玲有着拖拉的坏习惯，这不但影响着她的学习，也对她和同学们的相处造成了不利影响。拖拉的坏习惯在很多中学生的身上都或多或少地存在着，这个习惯一旦养成就很难改变。如果孩子习惯把作业一拖再拖，他的学习必然会受到影响；如果孩子在生活中也喜欢拖拉，那么他的生活将会很混乱；当孩子参加工作后如果仍然办事拖拉，就会影响他的工作效率，使他难以完成自己的工作。

一个总是拖拉的人很难得到别人的信任。这种习惯对孩子现在的影响可能还不大，可是，在孩子不断成长的过程中，如果一直有这样的习惯，会对他的人生产生严重的不良影响。将来孩子工作了也很难得到上司的重用，这样，孩子的工作生涯就很难有大的发展。拖拉这种习惯并不是在短时间内形成的，而是像其他的生活习惯一样，是从孩子小时候就开始形成的。

家长在教育孩子的时候，一定要注意从小就要避免其形成拖拉的坏习惯。很多家长都有这样的体验，每当自己要求孩子去学习的时候，孩子总是说，"待一会儿，再待一会儿"，等到孩子真正去做作业时已经过去很长时间了。

古诗《明日歌》中有这样一句，"明日复明日，明日何其多"，就是在警示我们要今日事今日毕，千万不要养成拖拉的坏习惯，因为它会使我们离成功总有一步之遥。家长要想让孩子跨越这一步，就必须帮助孩子和拖拉说再见。事实上，孩子自己可能也知道拖拉是一个坏习惯，可在学习和生活中却又难以避免，这就需要家长及时给予他们指导和帮助。以下几种帮助孩子克服拖拉的方法供家长参考。

1.当天的学习任务当天完成

孩子每天都有一定的学习任务，如果把今天的学习任务放到明天去做，就会加重明天的负担。一旦负担过重，孩子就容易产生厌倦心理，从而用潦草应付的态度面对学习，最终形成恶性循环，对孩子的学习造成不良影响。

"今日之事今日毕"并非单指今天的事别拖到明天，同时也包括了"不轻易拖延每段时间"之意。家长可以引导孩子通过制订学习时间日程表来做到这一点。首先，家长可以教孩子把每天的课余时间列成一张表格，然后在每段时间安排一定的学习任务，让孩子来完成。家长要注意不能让孩子把所有的学习任务都堆到一起，直到一天要结束了才急匆匆地去完成。因为这样不但会加重孩子的学习负担，还会影响孩子他们完成学习任务的质量。

2.按照学习任务的轻重缓急进行学习

如果孩子可以将时间表上所列的学习任务都做完固然好，但假如不能一一做完时，家长就应当教育孩子先挑重要的任务来完成，并督促孩子要保证任务学习效果。孩子的学习任务是有轻重缓急之分的。家长要让孩子明白，自己所应追求的不仅是完成学习任务的数量，而是把时间利用到最佳程度，这样也可以帮助孩子减少拖拉的情况，并有效提高孩子的学习效率。

3.让孩子从最爱的科目开始学习

当孩子对某一科非常感兴趣时，就会特别想完成这一学科的学习任务，虽然这项任务可能不是最重要的，但家长可以让孩子先从这门学科开始学起。这样不但能使这项学习任务在很短的时间内保质保量地完成，满足其成就感，还会进一步激发孩子对其他学科的学习兴趣。俗语说，兴趣是最好的老师，一旦孩子的学习兴趣被激发出来，那么他学习热情高涨，学习起来自然事半功倍，也就不会出现拖延的情况了。

让孩子学会从时间里"淘金"

李静和张琳是同桌，也是很好的朋友。她们经常一起学习，一起玩耍，十分要好。不过在大家眼中，李静学习优异，而张琳很"笨"。因为大家经常看到张琳努力学习，可是她的学习成绩却不尽如人意。

有一天，几位同学正在讲李静和张琳的这种"反差"，恰巧被张琳听到了。想到自己学习那么努力成绩却比好朋友差那么多，张琳心里十分不是滋味。逐渐地，她有意地疏远了李静，觉得自己和聪明的李静成为朋友，就是别人的笑柄。

李静发现了张琳的转变，不过，她并不知道发生了什么，面对好朋友的刻意回避，她充满了不解和疑惑。当她终于得知张琳转变的原因，她开始认真思考"聪明"和"笨拙"背后的原因。

李静不想失去这个好朋友，因此，她主动接近张琳，和张琳一起寻找解决问题的办法。

最终，在好朋友的帮助之下，张琳找到了问题的关键之处。自己在学习的过程中是随意安排时间的，可能早上写作业，中午背单词，深夜预习新功课，随意性比较大，而李静却不是这样的。李静学习的时间不像自己一样长，不过，她学习的时间段是固定的，每个时间段学习的科目也是固定的。

张琳鼓足勇气向李静询问原因。

李静告诉张琳，人每天不同时间段的精神状态也是不同的，有些时间段的精神状态促进学习，而有些时间段则会降低学习的效率。自己经常选在精神状态好的时间段学习。不过，具体的自己也不太清楚。

李静和张琳两个人对这个问题充满了好奇，因此她们通过上网搜集资料、翻越书籍、请教老师等途径寻找问题的答案。

后来，张琳改变了自己学习的方式，学习成绩也有了起色。虽然同好朋友还有很大差距，不过，张琳说自己很有信心，"就像在时间里淘金一样！"

其实张琳说得很对，我们是可以在时间里淘金的。作为同桌，作为好朋友，李静和张琳学习最大的差别就是在学习时间的选择上。这也是她们学习成绩存在差异的一个原因。李静选择对了学习时间，因此学习效率就很高，学习效果就好，而张琳就是因为学习时间分配不合理，虽然学习很刻苦却最终成绩差。

很多的时候，孩子的成绩不好，并不完全是因为智力因素。有研究表明，同龄的孩子的智力差异并不大，但学习习惯和学习方法差异很大。如果家长们可以从这些方面入手，对孩子的学习和成长会有很大的帮助。

心理学研究发现，一天之中，人通常有四个记忆的黄金阶段，如果家长指导孩子在这四个时间里学习，会在学习上取得事半功倍的效果。

第一黄金时间段是早上6—7点钟，这时孩子的器官机能已经苏醒，继续睡觉的用处不大。经过一夜的休息，孩子的大脑正处于工作效率的高峰，家长可以让孩子利用这段时间学习一些难记但又必须记住的东西。

第二黄金时段是8—10点钟，此时孩子机体进入兴奋状态，精力旺盛，大脑的记忆力很强，并且具有严谨的思考能力。这时候，家长可以让孩子去攻克难题。

第三黄金时段是18—20点钟，孩子的体力和耐力达到最佳，家长可以让孩子利用这段时间来回顾、复习当天学过的东西，以加深印象。这也是孩子整理笔记的黄金时机。

第四黄金时段是21点钟直到临睡，此时是孩子一天中记忆力最佳的时期，具有很高的效率。家长要督促孩子在这段时间对一些难以记忆的东西加以复习，来加深记忆印象。这时候复习容易记牢，不易遗忘。

不过，在巧用四个黄金时段的时候，还是有一些问题值得家长重视的，以下几点建议供家长参考。

1.保持清晨时的好状态

虽然说，清晨是学习的好时段，不过很多孩子一早起来，没有状态，学习效率自然也不会太高。

家长们要注意，孩子清晨刚醒来，整个身心还沉浸在被窝的舒适感中，想到又得起床去面对学习，很可能情绪不佳。这种心态在独生子女群中较为多见。家长要让孩子尽早进入状态，才不会浪费这一学习的好时机。丰盛的早餐和适量的锻炼都是让孩子尽快进入状态的好方法。

2.具体时间安排视孩子情况灵活而定

我们通常所说的学习黄金时间段，是研究者们根据大多数人的生理习惯而定的，虽然它具有普遍性，但是在个体范围内很可能会有所差异。

也就是说，黄金时间段只是一个大致的范围，并不一定完全适合自己的孩子。有些孩子因为长期的生活习惯问题也会形成属于自己的学习黄金时间，家长们一定要和孩子积极沟通，帮助孩子找到真正适合自己的时间段。

3.合理安排孩子的休息与学习节奏

虽然我们知道了学习的黄金时间，但也不能让孩子在黄金时间段里长时间持续学习。生理学的实验表明长时间集中使用大脑，会使大脑活动变得迟钝。在记忆活动中插入适当的休息，能够提高记忆的效果。

家长在指导孩子学习的时候，一定要让孩子积极地休息，有充足的间隔休息使大脑冷静，同时也要把握好学习的节奏，让孩子有节奏地学习记忆。

4.坚持利用黄金时间，养成习惯

有时候，即使家长告诉了孩子哪一段时间学习效果好。孩子也不能坚持长期利用黄金时间。一方面是因为孩子还小，意志不坚定，原来形成的习惯难以改变。另一方面是因为孩子可能没有意识到利用黄金时间学习的重要性。

家长要经常性地和孩子交流，让孩子加大对它的重视程度。同时，家长还要长期地指导监督孩子，直至让利用黄金时间学习成为孩子的学习习惯。

让孩子树立"日事日清"的学习原则

小叶自小便是一个聪明乖巧的孩子，性格上也很活泼开朗，在家里很听家长的话。小叶上了初中以后，家长抱着可以培养小叶的兴趣爱好、丰富课外生活的想法为小叶报了钢琴培训班。第一次带小叶见老师时，从未碰过钢琴的小叶在听老师演奏两遍之后，也可以弹出那么几个像模像样的音符。老师直夸小叶是个聪明的孩子。

第二章　学无止境，学习要有合理的计划

学了一段时间的钢琴后，小叶的钢琴老师找到了小叶的妈妈谈话。老师说小叶是棵好苗子，音乐方面很有天赋，可是她却经常完不成老师布置的练习任务，现在与其他同时上课的学生比已经落下了好多课程。

妈妈想想说："即使我和她爸爸有时候工作忙，也会抽出时间做好家务，家里也没有什么需要小叶忙的。平时在家里小叶也会经常看看电视、打打球，时间是很充足的。"

老师说："这样啊，那小叶的课下时间不是很忙。希望你可以好好教导一下孩子，让她能够按时完成布置的作业。"

妈妈说："老师今天说的这个问题确实存在，小叶经常做事拖拖拉拉的，不能日事日清。经常把今天的事拖到明天，明天完不成了又拖到后天。我和她爸爸也在为她的这个问题感到着急。"

在我们的身边像小叶这样做事喜欢拖拉，不能及时完成作业的孩子很多。很多事情明明今天能做好，却经常向后延迟。出现这个问题既有孩子内在的因素，也有外在因素对孩子的影响。

首先，家长在孩子的成长过程中起着很大的示范作用，家长的行为举止在生活中会潜移默化地影响着孩子的习惯。俗话说：习惯影响性格。如果家长无法做到日事日清，那孩子也很有可能会养成类似的习惯。古人就说过，近朱者赤近墨者黑。家长应当在生活中自己做事时能做到日事日清，不延迟完成事情的时间，给孩子树立一个好的榜样。

其次，在孩子的天性里常常有着一种惰性心理，遇到事情会想着能不做就不做，这样的心理往往会让一件本来一会儿就可以做好的事情却被放置很久。比如家长让孩子倒垃圾，恰巧孩子正在看电视，这时孩子便会生起偷懒的念头，说待会儿再去吧，往往这个"待会儿再去"不知道到了什么时候……对于中学生来说，他们的自制力和责任心还处在尚未成熟的阶段，如果家长不能给予他们正确的价值观引导和方法的指导，孩子很有可能会养成不好的习惯。当孩子发现他没有做到今天的事情今天完成也没有带来什么不好结果，还可以偷懒，做别的自己想做的事情。那在孩子的潜意识里形成一种原来我不按时完成任务任务自己就没了的想法。这是一种不好的意识，很可能会发展成拖沓的不好习惯。

最后，很多中学阶段的孩子缺乏时间观念。在他们看来，一件事情今天做和明天做没什么区别，所以不用着急。通常情况下，这种想法带来的后果便是事情越堆越多。在孩子眼里，今天和明天也没什么不一样的地方。没必要一定要日事日清。因此帮助孩子树立时间观念是很重要的。

> 小叶的妈妈仔细想了想，这些年对于小叶的教育可能确实有不到位的地方。因为小叶平时比较听话，所以在家里对她也是有些娇惯的。自己需要重新考虑一下对于小叶的教育了，不能让一些不好的习惯影响了她。

孩子做事情不能按时完成不仅在孩子的学习和生活上都有着不好的影响，比如一样的作业，别的孩子可以按时完成，可是对于爱拖延的孩子来说却需要更多的时间。同样的时间里，两个人的学习效率显而易见出现了差别。可能孩子小的时候家长意识不到问题的严重性，久而久之当自己的孩子与同龄孩子差距越来越大时，拖沓这一习惯带来的问题才能越发明显。

在帮助孩子养成日事日清的学习原则方面，有以下几点建议供家长参考。

1.给孩子讲清楚日事日清的必要性

中学生对于社会人生的很多问题认识并不深刻，也很难意识到不能做到日事日清原则对他们的危害。那么，重要的事情很容易被孩子放着不去按时做。显而易见，这时候就需要发挥家长的引导作用，明确地告诉孩子，按时做好自己的事情是更重要的。

家长主动帮助孩子培养在学习上和在生活中日事日清的习惯。比如我们上文提到一个孩子倒垃圾的事件。在这种情况下，有些家长干脆不再等待孩子倒垃圾，而是自己主动把垃圾倒了。家长可能觉得这是小事，可是却会让孩子觉得原来拖拉是可以避免干活的。这就是一种不好教育的体现。家长正确的做法是应当明确地和孩子说："倒垃圾比你看电视更重要，你应当先倒垃圾，再看电视。"

2.帮助孩子制订计划

很多孩子不能做到日事日清很大一部分原因是因为自制力不够，培养自制力的一个好方法便是制订合理的计划，并按部就班地执行下去。对于孩子来说可能没有那么强的时间观念和坚持下去的毅力，家长应当在了解孩子的日常上课和生活情况后，按照时间及重要性和孩子一起制订合理的计划。

在计划的执行过程中，家长采用激励原则。如果孩子完成计划中的内容，每天日事日清的话可以适当给予孩子一些奖励，激励孩子主动养成良好习惯。如果遇到特殊的情况不能按时完成，家长可以按照情况给予一点儿惩罚。

3.为孩子树立良好的榜样

家长在帮助孩子秉承日事日清的学习原则的时候可以为孩子树立一个榜样。这个榜样可能不仅仅是生活中家长的以身作则，也可以是某个伟人，甚至可以是身边一个能够秉承日事日清原则学习的孩子。让孩子的生活中有一个榜样可以进一步激发孩子向上的决心。

比如说，家长可以和孩子讲我国国画大师齐白石的故事，齐白石曾经在练画时就给自己立下过必须日事日清的规则，而后这个习惯也在他的成功中发挥了很大的作用。

不要让学习占用孩子的假日时光

王双今年正在上初三,因为马上就要面临中考,虽然王双平时就特别用功,但家长对她的要求是考上市里师资力量和教学质量最好的一中,这让她的学习压力很大。

在王双的生活中除了听课就是做题,在学校做完老师布置的作业后回家还得完成家长给她安排的学习任务,几乎没有休息的时间,更别提看电视或者上网了,也只有在吃饭的时候能和家长看看午间新闻和晚间新闻。尤其是到了节假日,别的同学都出去旅游放松身心,或者在家里充分休息,但是王双仍然需要面对大量的学习任务。这让她经常觉得头昏脑涨,学习效率也很低,学习成绩不但没有提高,反而下降了。

一个周五的晚上,在吃晚饭时,王双低着头和妈妈说:"妈妈,今天下午吴梅她们说明天要去广场看音乐剧,想让我一起去玩,我挺想去的。"

妈妈听了,把手里的筷子放下,严肃地对王双说:"双双,你们还有半年就要中考了,要是考不上一中你就只能上三中,那以后考上好大学的机会就很渺茫了。看音乐剧什么时候都能看,等你中考结束了妈妈带你去!妈妈今天回家的路上刚给你买了本《中考作文》,你明天在家写两篇作文。"

王双听了本想反驳,最后什么都没说,第二天她按照妈妈的要求开始写作文,但却怎么都静不下心来,直到快吃中午饭了,她的作文本上仍然是一片空白。

例子中的王双妈妈为了让孩子考上重点高中，经常在休息时间和节假日为孩子安排各种学习任务，但是妈妈没有考虑到繁重的学习任务会影响王双的学习状态和效率，甚至会对她的学习起到相反的作用。有很多中学生的家长在节假日还会给孩子安排很多学习任务，或者让孩子参加各种学习提高班，这使得孩子就像一个不停转动的陀螺一样，没有休闲的时间，在节假日赶场似的从一个辅导班跑到另一个辅导班。家长为的就是让他们在中考或高考中获得高分，考上个好学校。

孩子由小学步入初中后，在校的学习生活变得很忙碌，没有大量的课余时间来玩耍，或进行各种各样的活动。如果他们的节假日再被各种学习任务和课外辅导班占据，就会使他们产生疲惫感甚至厌学心理。如果生活中只有学习，那么这种生活对于孩子来说无疑是非常单调、枯燥乏味的，这不仅不能有效地提升孩子的成绩，还会带给孩子负面影响，使他们不能体会到学习和生活的快乐之处，并且与初中生充满活力与好奇的天性相悖。

如果孩子的生活长时间得不到调节，他们就会开始想各种办法与家长、老师进行反抗。有的同学会在老师和家长不知道的情况下出去偷偷地玩，明着说是去上辅导班，但实际上可能就会去打游戏、打台球等，而有的孩子则会一边上辅导班一边玩，同样也达不到最好的学习效果。现在许多家长焦虑和困惑的问题就是"鱼和熊掌如何兼得"，他们该如何帮孩子调节初中生活，安排他们学习和娱乐的时间才能使他们的初中生活回归平衡。下面的几个建议可供家长们参考。

1.帮孩子报辅导班要有选择性

家长在给孩子选择辅导班的时候应对辅导班的教学模式和所教课程进行把关，最好选择规模较小的班级，保证孩子和同龄人享受该有的乐趣，切忌在孩子还比较小的时候就让孩子利用节假日提前学高年级要学的课程。

如果家长给孩子选择的辅导班是"填鸭式"的教学模式，这样只会加重孩子的学习负担。个性化的教育辅导才是对学校教育的有效补充，尤其是对一些叛逆、厌学的孩子而言，个性化辅导不仅能提高成绩，同时能帮助孩子培养良好的学习习惯，使其个人综合素质得到较大改善。家长在为孩子选择辅导班时，要充分站在孩子的立场选择辅导方式，给予孩子适当的休息，让他们有时间去丰富自己的课余生活，而不是被学习所束缚。

2.要让孩子的节假日过得更有意义

有意义的课余活动不仅能让孩子愉悦心情，放松自己，而且对他们性格、品质的塑造也有一定的积极作用，可以带给孩子学习的动力，促进其成绩的提高。但如果孩子把大量的课余时间都花在打游戏、看肥皂剧等无聊的活动上，对他们的学习不但没有帮助，当孩子沉迷其中不能自拔的时候更是会影响孩子学习的精力，导致学习成绩下滑。因此，家长要鼓励孩子参加一些有教育意义的活动，帮孩子选择一些课外活动。比如，可以带孩子去看有趣的展览或者去参加某个明星、作家的签售会；可以让孩子看一些具有教育意义的电影；周末组织孩子和几个要好的同学在家开小型聚会，让大家一起唱歌，一起做饭，共同完成一些家务活等。

3.教孩子学会控制自己休闲娱乐的时间

让孩子拥有好的心情也是保证学习效率的重要方法，但是家长也不能让孩子过度沉迷于享乐，让孩子想玩多久就玩多久，完全让孩子把学习任务抛在了脑后。家长必须教孩子学会平衡学习和娱乐的时间，比如可以让孩子为自己每天的课余生活制订一个时间表，列出每天的学习任务、学习时间、娱乐时间，也可以让孩子为自己的周末制订一个计划表，列出周末想参加的活动以督促自己在平时高效地完成学习任务。

第三章　好学不倦，让孩子学会课前预习

预习，为孩子的学习加速

芳芳是某校五年级的学生，学习成绩一直很优秀，在班级里担任学习委员。

一学期马上要结束了，老师计划要开家长会，想请芳芳给家长们讲一讲自己的学习经验。

芳芳很高兴地答应了老师的要求。

下午放学后回到家里，芳芳做完了作业，坐在沙发上开始思考自己的学习经验。可是，仓促之间，芳芳自己也不知道自己的学习经验是什么。芳芳首先想到的是学习方法，是不是有一些学习方法自己有别人没有。很快地，她否定了自己的想法。

芳芳冥思苦想了好久，自己只是上课听老师讲课，课下做作业，晚上预习功课，和其他同学没什么差别，好像没有什么学习经验可以和大家分享的。

她的目光扫到了书桌上的数学书，突然想到了什么。明天数学老师要讲新内容，芳芳打算想好家长会的发言后，就去预习一下的。因此，写完作业时随手把书留在了书桌上。

芳芳突然想到，也许预习就是自己最大的学习经验。

在课堂上，虽然每次临近下课老师都会要求大家预习下一次上课的内容。但因为不是以书面作业的形式要求大家的，大多数同学并不会放在心上。不过，芳芳却一直按照老师的要求去做，每次上课前都会预习一下上课要讲的内容，上课的时候，能够很快地接受新知识，学起来很轻松。

虽然预习并不是什么学习的秘密方法，大家都知道，不过，真正做到的同学却并不多。

因此，芳芳决定，在开家长会的时候，就和叔叔阿姨们分享这个经验。

的确是这样的，大多数的老师们都会要求同学们在课前预习新知识。大多数的家长都听说过预习这种学习方式。不过在现实中，很多孩子却并不经常预习功课。一方面可能是因为长期坚持预习并不容易，更重要的一方面可能是因为家长和孩子没有意识到预习的重要性，不完全清楚预习对学习的效果有着很重要的影响。

家长们听说过这样的古语吧："凡事预则立，不预则废。"工人建房要备料，农民耕作要备耕，军队打仗要备战，孩子的学习也是如此。

教师讲课要备课，学生上课更要备学，这也就是预习。预习在孩子的学习整个过程中意义重大。预习，就是让孩子复习、巩固有关的旧知识，初步感知新教材，找出新教材的疑难点，为学习新知识扫清障碍做好准备。叶圣陶先生说过："练习阅读的最主要阶段是预习。"

预习是为了让孩子更好地听课，更好地掌握知识。家长们听过孩子这样的抱怨吧，孩子听课时很被动，课堂上要听讲，又要记笔记，既听得紧张，又记得忙乱，对什么是重点，哪些是难点，根本就抓不住，那么在复习的时候就会费时费力。

如果孩子在课前有准备，那么听起课来就主动了，课堂记录就有了重点，对老师的启发性问题的反应就快，预习能起到事半功倍的效果。

关于预习的重要性，有以下几点供家长参考。

1.培养和提高孩子自学能力

课前预习实际上是孩子通过自己的思考，对即将要学的知识进行的提前学习。它不同于自学，自学是没有老师教授的。不过，它却能提高孩子自学的能力。在学校，老师会教给孩子基本的知识。大量的新知识需要孩子在以后的学习中不断地去探索，根据需要去自学。从小培养孩子预习的能力，具有十分重要的意义。预习正是过渡到自学的必要步骤。

2.提高孩子听课效率

孩子在预习新课文时，往往会有不懂的内容，有时家长也帮不上忙，这属于正常现象。孩子看不懂的地方可能是教材的重点、难点，或者是孩子学习中的薄弱环节。如果孩子可以弄懂这些不明白的地方，对学习就会有很大的帮助。预习时，让孩子把这些看不懂的地方记下来，上课时特别注意听老师是怎么解决这个问题的。这样，孩子听课的目的明确，注意力也容易集中，听课效果也好。

3.扭转学习被动的局面

有时候，我们的孩子学习困难是因为基础不牢，已学的知识不扎实。孩子课后用于复习、做作业的时间也相应增加，以致越学越困难，造成"恶性循环"。为了帮助孩子扭转这种被动学习的局面，有效的办法是让孩子在自己或老师的指导下进行预习。经过预习，孩子可以复习需要掌握的旧知识，扫除了听课中的一些障碍，在课堂上就可以听懂，增强孩子学习的信心。孩子上课听懂了，课后用于复习的时间相应减少，做作业的速度就能相应加快。

让孩子学会安排预习的时间

王丽是某校五年级的学生,她上课认真听讲,下课积极完成功课,偶尔有时间还会预习即将学习的功课,因此学习成绩十分优秀,无论老师还是同学都十分喜欢她。不过,前一阵子,她也遇到了学习上的问题。

随着期中考试的临近,王丽既要复习原来的功课,又要预习新的知识。她每天手忙脚乱,时间都不够用。特别是在预习的过程中,常常不知道如何分配时间。如果给预习分配的时间少了,往往达不到预习的效果。可是如果分配的时间多了,自己的时间又不够用,况且第二天老师还要讲这一部分内容,浪费时间过多也不理智。

就这样,王丽拿捏不好预习的时间安排,预习起来效率总是不高,而且特别影响她的学习热情。

究竟该如何安排预习的时间才比较科学合理,王丽带着这个问题去请教王老师。王老师教学经验十分丰富,很快就为王丽解答了疑惑。在王老师的帮助之下,王丽合理地安排了预习时间。从此以后,王丽预习起来从容不迫,不但在第二天老师讲授新知识的时候很快接受,而且也为做功课、复习等留出了足够的时间。

一段时间之后,王丽的学习节奏逐渐稳定下来,学习起来得心应手,学习成绩有了很大的进步。

王丽作为一个优等生，学习成绩很难再有很大的提高，不过科学合理的学习方法，却能使她的学习更加轻松。正是王老师的帮助，使她有了合理的预习时间安排。一个合理的预习时间安排，可能无法直接为她的学习提供助力，但却间接地帮助她把握了学习的节奏，更好地掌握了课堂知识。长此以往，对她的学习进步很有帮助。

很多家长也遇到过这样的问题，有时候督促孩子去预习功课，却不知道究竟该让孩子如何来安排时间。其实，预习时间的安排是很重要的，它直接关系到孩子第二天学习新知识的效果，同时，合理的预习时间安排也保证了做作业、复习功课时间的充足。

家长在为孩子安排预习时间时涉及两个方面的问题，一方面是采用哪种预习方法，另一方面是预习要花多长时间。如果这两个问题得以很好地解决，孩子预习的目的就达到了，反之预习则不会奏效。以下几点建议供家长参考。

1.明确预习方法

不同的预习方法目的不同，效果不同，因此预习时间的选取和长短都会有所不同。为了给孩子安排一个合理的预习时间，家长要了解有哪些预习方法。根据孩子在校学习的特点和预习所涉及的知识范围，可以把预习分为课前预习、阶段预习和学期预习三种。

所谓课前预习，就是指上新课前利用较短的时间对课文内容进行的预习，也可以叫分节预习；所谓阶段预习，就是用较长、较多的时间预习一章或数章的内容，也称为分章或专题预习；所谓学期预习，则是指在假期中预习下半学期的学习内容，要通读整本教材，粗知全书的知识体系，找出预习中的问题，根据自己的实际情况，制订出相应的计划。这三种都是非常好的预习方法，在减轻学习负担上，往往能起到很好的作用。

2.根据孩子实际情况，确定预习的时间

家长在为孩子安排预习的时候，对预习方法的选择要慎重。家长要根据孩子当时的情况来做抉择。如果是开学后的正常学习，学期预习就不见得有效。

一个学习成绩不错的同学就曾在这方面栽过跟头。

初二那年暑假他把下学期要上的几何预习了一下。那学期他的几何成绩一直在班上遥遥领先。

尝到了甜头之后，在初三上学期开学后，他依然采用这种老办法集中一切课余时间来预习新开的化学课，但最后，化学课不仅没有学好，其他科目的成绩也出现了下降趋势。

本来很有用的预习方法却失去了效果，问题出在预习时间的安排上。用学期预习方法预习几何取得成功，是因为预习方法和预习时间搭配得当。而开学之后，正常的教学活动已展开，每天上午、下午都要上课，各门功课都留有作业，如果仍然采取集中时间的学期预习方法预习化学，那么其他科目也就没有时间预习了，在此情况下，成绩可能就会受影响。

家长要注意，在孩子平时的学习过程中，最适合他的预习方法还是课前预习。这种方法最突出的特点体现在实用性上，老师讲多少，孩子就预习多少，各门课程都能兼顾，就不会有偏重一门而忽略其他科目的现象发生了。

3.预习时间不要太长

一般说来，孩子预习花费的时间不宜太长，1小时的时间就足够。如果花费的时间较长，不仅达不到预期的效果，还可能适得其反。这主要表现在三个方面：一是占用了孩子过多的时间，会影响他做作业；二是孩子容易疲劳，效果不佳；三是孩子看了过多的内容，第二天上课讲不到，用途就不太大了。

总之，如果是正常的上课期间，家长最合理的安排应该是让孩子采用课前预习方法，而且是他在作业写完之后，花上1个小时的时间即可。

确定预习目标，提高预习效率

兵兵今年十一岁，已经上初一了，是个懂事的孩子，老师要求的任务总是尽量完成。上初中以来，他便在老师的要求下养成了课前预习的习惯。

每天写完作业后，兵兵便会根据课表预习第二天要学的课程内容。可是，他对预习的目标和任务却不是很清楚，只是觉得既然是老师要求的，就应该完成。他的预习通常是翻阅课本，把知识内容通读一遍。由于并没有打算把知识掌握牢，他看得并不用心，也不会去思考，很多知识虽然都看过去了，但并未理解。有时遇到不懂的地方，他也不会多想，他觉得反正老师还要讲，现在没必要那么较真。书上的例题他总是看完题目后直接就看解答过程，不会去想还有没有其他的解题方法，也不会对解题思路做什么总结。

所以，虽然兵兵课前进行了预习，却几乎什么都没有学到，也很少发现什么问题。到了上课听讲时他才发现，自己对老师的讲解依旧很陌生，预习几乎没起到什么作用。听课时他经常会走神，成绩也总是得不到提高。

上例中的兵兵预习时不知道预习的意义和任务，没有设定预习目标，预习时也就难以做到用心和集中注意力，虽然看了课本却没有理解知识，也没有找出自己的问题，预习效率不高，收效甚微。

生活中，很多孩子都存在着与兵兵类似的问题。虽然在老师的要求下，他们会在课前进行预习，但由于对预习的任务和方法并不了解，也没有为自己树立什么目标，不知道预习后要达到什么效果，所以他们的预习热情不高，没有把预习看作学习的一个重要步骤，而是把它看作一项负担。预习时也很难用心理解知识，发现自己掌握不了的地方并记下来，预习成果不大，对听课的促进作用不明显，学习效率不高。

预习是产生良好的学习效果的重要环节，必须认真做到位。要想很好地完成预习任务，首先要做的就是确立预习目标，知道预习中自己要做什么、怎么做，预习后应该达到什么效果。只有这样，孩子对预习才能更加了解，激发学习兴趣，预习时才会更加用心和认真，达到很好的预习效果，为课堂听讲做好准备。所以，家长要让孩子了解预习的意义，预习前设定目标，提高预习效率。以下建议供家长参考。

1.预习的首要目标是掌握基础知识

家长要告诉孩子，预习最重要的目的便是对即将学到的知识有大致了解，做到心中有数。所以，预习时要通读课本上的知识，了解课程内容，建立知识体系。比如，预习语文课文时，应该先把文章读一遍，发现生词后立即查阅字典，把其读音和词义搞明白。读完后，要能概括课文的主要内容和中心思想，再查些关于作者的资料，如写作背景等。

需要注意的是，通读课本知识时要有所侧重，不要每句话都花很大工夫去理解。比如，加黑的知识就要重点理解，而那些课外延伸的资料尤其是过难的知识就不需要花费很长时间，理解不了就先跳过，要分清主次。

2.预习最重要的目的是找出不会的地方

家长要让孩子明白，预习最重要的目的是看完课本之后能够知道哪些知识是重点或难点，并找出自己不能理解的部分。如果孩子预习后却没有发现什么问题，觉得这些知识自己都了解了，那他们预习时可能并未用心思考。只有在预习过程中积极思考，发现自己的问题，才能激发听课兴趣，上课时集中精力听老师的讲解，以求解决自己的疑问。

家长要提醒孩子，预习时要积极思考，把自己不明白的地方勾画出来，或者记在笔记本上，方便自己听课和复习。

3.通过做题来检验预习成果

预习时不仅要把知识浏览一遍，还要把书上的例题做一做。家长要提醒孩子，做例题前不要看书上的解答过程，先自己独立做一遍，然后对照书上的答案。这样做既能检验自己的预习成果和对知识的掌握运用情况，又能帮助自己发散思维，找到多种解题方法，形成自己的解题思路。

需要注意的是，有的孩子预习后为了检验自己的预习成果，便会把相关的习题做一遍。由于还没有听老师的讲解，对知识的理解并不深入，也不太能熟练运用，往往会遇到不少不会做的题。这时，孩子很有可能在不会的题目上纠结，想尽各种办法来寻找解题方法。如果还是做不出来，便会觉得自己的预习没有效果，产生挫败感。对此，家长应该告诉他们，课后的习题是对知识全面理解掌握后才能做的，不要求课前就做出来。不必在这些题目上耗费时间。

4.利用辅导书进行预习

除了上述方法之外，家长还可以给孩子买些参考书来帮助他们进行预习。辅导书上一般都会写出课程目标，总结出本章节的重难点知识，这些都能帮助孩子确立预习目标，对知识体系有个大致了解，知道应该重点预习哪些地方。所以，家长可以让孩子在预习前参考辅导书设定本章节的预习目标。

同时，家长要让孩子明白，参考书只是一种辅导工具，不可能代替课本。要注意防止他们完全依赖参考书来预习，甚至不看课本，只看参考书上的知识总结。要让他们知道，课本才是核心，不要本末倒置。

预习要因"科"制宜

芸芸是一名初中三年级的学生，由于初三的科目增多，难度也加大了不少，芸芸的成绩有所下降。

为了解决学习压力大的问题，老师给芸芸提出了几点建议，其中就包括要芸芸学会课前预习。芸芸是一名品学兼优的学生，自然会听从老师的教诲。于是，每节课上课之前，芸芸都会根据即将讲解的内容进行预习，有的时候是在家写完作业之后，有的时候是利用课间十分钟的时间。

刚开始的时候，芸芸明显感觉到了预习是有效果的，对于老师讲的内容接受起来要快了一些。可是没多久就觉得，预习的有些科目没有起到作用，在课堂上对预习的内容一点儿印象也没有。芸芸想：这样的话不是和不预习没有区别吗？是不是预习还需要根据不同科目选择不同的方法呢？

带着疑问，芸芸请教了班主任老师。老师详细询问了其他科目老师的意见之后，将所有老师的观点共同反馈给了芸芸，总结之后，发现原来真的是科目不同预习方法也要有所区别呢。

掌握了各科的预习方法之后，芸芸的学习成绩得到了飞快的提高。

现实生活中，有很多像芸芸一样的孩子，听到师长介绍预习非常重要之后，就不顾方法地开始盲目地进行。结果却因为没有掌握各科目的预习要点，或者忽略了科目差异，而造成预习没有效果的问题。

从初高中孩子的学习科目来看，主要分为文科和理科，文科的课程包括语文、英语、政治、历史等；理科的课程包括数学、物理、化学等。由于每门课程都有它的特点和规律，因而预习方法也不尽相同。若是在预习前就把握课程的特点，因"科"制宜，相信预习的效率也就会大大提高。

1.语文的预习方法

语文课最大的特点就是课文之间独立成篇，没有连贯性。同时，语文以文字的阅读和理解为主。从知识的相互衔接来说，主要体现在文章的作者、语法的运用和词句的组合上。

根据语文课的特点，其预习的方法主要包括：

首先，必须通读全文，了解课文的大意和主要内容。

其次，找出课文中的难点和疑点，包括生字、生词、难句，以及文章结构等，做出相应的标注和笔记。

再次，根据预习时间的长短，可以适当地自己解决一部分疑问，比如查工具书，或者上网查找相关的资料等。

最后，如果时间允许，可以尝试归纳出课文的中心、段意、人物特征、表现手法等。在课堂上，可以将自己的总结与老师的讲解相对照，既能加深印象也培养了独立思考的能力。也可以查找作者的相关信息，让知识更加有系统性，甚至可以选择相关作者的作品作为自己的课外读物。

2.英语的预习方法

英语课的特点和语文课有很多相同之处，都属于语言类的学习。文章之间没有必然的连贯性，而且英语主要是学习单词和语法知识，能力主要体现在背诵和语法知识的掌握上。

因此，英语的预习可以分为单词预习和课文预习两部分。同时，要结合相应的练习题，了解本课语法的要点。单词的预习主要是根据课后的单词表进行。如果孩子对于课文中所讲故事比较感兴趣，也可以直接通读课文，然后找出不认识的单词，再到单词表去查询意思。

同时，在预习课文的时候，还可以先用铅笔画出英语的短语和习惯用语，然后思考相应的搭配方式和句型特点。课文的预习最主要的是了解课文大意，能够明白通篇所讲的主题思想以及每句话的意思。对于无法理解和翻译过来的句子要做特殊的标记，在学习的时候着重听老师的讲解。

3.数学、物理、化学的预习方法

数理化作为理科课程，有共同的特点，主要是知识的连续性较强。同时，会有许多的定理、定律、公式、常数、特定的符号，这些都是理科课程具有的共同特点。根据这一特点，预习的时间要和文科课程有所区别。除了平时的课前预习之外，还要增加阶段性预习，包括学期预习、阶段预习等，这样的预习安排会更有助于理科课程的理解，也会让预习更有效果。

对于理科课程的预习可以采用以下的方法：

首先，阅读整节的内容，初步找出涉及的定理、定律、公式、常数等。这些作为学习数理化课程的最重要的内容，预习时要重点理解。对于比较复杂的内容，如果不能理解的话，至少要做到在大脑中留有印象。

其次，找出以前学过的知识点。由于数理化的知识连续性强，只有在熟练掌握了以前所有知识的基础上，才有可能学好下一节的内容。因此，一定要在预习的时候做到查漏补缺，将以前没有完全学懂的知识做到复习巩固，及时请教老师同学，不要"欠账"。

最后，试做练习。掌握复杂和深奥的理科知识，也有一个逐步积累的过程，每节中的基础知识部分，是比较容易理解和掌握的。而且，学习理科课程必须要通过做练习题才能检验是否学会。时间充裕的孩子可以在预习的时候，尝试着做一些练习题，这样也可以检验预习的效果。

第三章　好学不倦，让孩子学会课前预习

把预习的方法传授给孩子

上小学三年级的东东遇到了一个难题。老师今天布置的家庭作业除了平常的习题和生字之外，还增加了一个预习的内容。东东在以前从来没有听说过预习，到底预习什么呢？东东百思不得其解，放学回家后有点儿闷闷不乐。

妈妈敏锐地觉察到了东东情绪上的异常，于是和东东聊了起来。

妈妈问道："东东，今天在学校过得怎么样？"

东东回答："挺好的。"

妈妈又问："挺好的，都有哪里好呢？看你不愿意说的样子，一定是有什么事情吧？"

东东说："其实也没什么大事，就是老师让我们回家预习明天的功课，我不知道怎么预习。"

妈妈听了东东的话之后，莞尔一笑，对东东说："好孩子，不是还有妈妈在呢，我给你讲讲预习的方法，好不好？"

东东听了之后，眉头舒展开了，高兴地答应了妈妈的要求，并且认真地听起来。

东东按照妈妈的方法将所有的课程预习完之后，果然在第二天听讲的时候觉得容易多了。老师提到的很多问题，东东都能回答出来呢。

预习能够对课程的学习起到很好的帮助，但是预习也是有一定方法的。

刚刚进行预习的孩子大多都会像东东一样，找不到预习的方法，也感受不到预习的重要。但是坚持预习之后，孩子的学习能力就会大大提高。

预习就是指的在上课前，对本节课要讲解的内容预先进行学习，了解其中的梗概、要点、难点等。如果预习方法得当，可以大大提高上课时的学习效果，有助于加深对学习内容的理解，预先找出学习的重点和难点，可以帮助孩子在课堂上更加有针对性地听讲或者提出问题。预习看似简单，却也有科学的方法可循，并不只是将上课内容简单浏览一下。

比较常用的预习方法主要有以下几种。

1.扫除障碍法

在预习的过程中，可以扫除一些自己解决的障碍，也就是预习中的问题。以语文的预习举例来说，在第一遍读课文的时候就可以先把不认识的字、词做出标记。在读完全文之后，再逐一地查字典，扫清认读障碍。这就是扫除障碍法。这些是基础的预习工作，对于后面了解文章的主旨有很大的帮助，也是必不可少的环节。

许多名人学者都曾经受益于这种预习学习的方法。比如，身残志坚的张海迪就曾经在翻译《海边诊所》的时候使用这种方法。她凭借坚强的意志，靠着逐字逐句地查工具书，一点一点扫除了阅读翻译上的障碍，最终翻译完成此书。由此可见，扫除障碍法无论是在预习或者学习上都是一种普遍使用的有效方法。

2.找出难点和疑点法

在预习的时候除了可以自己独立解决的疑点和难点，还有一部分是自己解决不了、需要在课堂上听老师讲解的。对于这部分内容，我们称之为学习的难点和疑点。在预习时，只有发现了这些难点、疑点才能真正地带着问题听讲，加深对老师所讲内容的印象和理解。

对于难点和疑点，除了在预习的时候要专心致志之外，还需要掌握一定的标注技巧。比较简单、常用的方法就是圈点标记的方法。很多人都喜欢用这种方法标注阅读的书籍。所谓圈点标记法，就是在书中空白之处，将自己的心得和发现的疑点以及应着重注意的地方，用圈圈、点点或者其他符号标示出来。这样做的好处很多，不仅读后不易忘记，而且把重点、难点勾画了出来。比如，列宁在读《哲学笔记》时，就使用了许多数学上的符号，有">"（大于）、"<"（小于）、"="（等于）等。

这种查找难点和疑点的方法对于各个年龄阶段的孩子都非常适用。通过这种方法也能充分体现孩子认真的学习态度。至于圈点的适用方法，则没有统一的规定和标准，可以按照自己的习惯和喜好来标注。比较常用的标注符号有"？"、"！"、"．"、"—"等。

在书中所做的标记，仅限于是自用书籍的时候，如果是从他人或者图书馆借阅的书籍则要保证整洁、干净，不能随便涂抹、勾画。这也是一个人道德品质的最起码的反映。

3.详细归纳法

在孩子预习课程内容的时候，一般都是先粗读再精读的。在快速浏览了课程内容之后，就需要进一步逐句逐段了解每段话的意思和重点。这时候，归纳法就比较适合，也可以检验预习的效果。归纳法简单理解，就是将预习的内容进行总结概括，用自己的一句话或者原文中的话语概括出整段的意思。

这样，用归纳法预习一遍之后，基本上就能够掌握整节的内容了，从而也就达到了预习的目的。归纳法也是通常老师讲课过程中所采用的方法，按照授课的思路去完成预习，也更加有利于与老师的思路相一致，进而更好地掌握学习的内容。

详细归纳法和扫除障碍法在适用的时候侧重点有所不同。扫除障碍法只解决字、词、句的问题，而详细归纳法解决的是课文内容的问题。因此，我们可以看出详细归纳法是在扫除障碍法的基础上更进一步预习的方法，是深度的预习。

在运用详细归纳法进行预习的时候要特别注意两个问题：首先，要细心。在对某一段落进行归纳总结的时候，要反复思考，保证在理解透彻的情况下才能得出结论，不能粗枝大叶或者以偏概全。其次，要有足够的耐心。归纳总结的过程是逐段进行的，显然会花费更多的时间和精力，如果没有足够的耐心，很难达到预习的效果。因此，要让孩子树立正确的认识，将预习作为必需的功课进行，而不是可有可无的环节。

除此之外，在预习的时候还会涉及相关练习题。解题预习也是一种常用的预习方法，相对于其他的预习方法，习题直接表明了课程的重点和难点，同时可以体现孩子哪些重点和难点还没有找到或者把握到，需要在课堂上着重听老师讲解。

第四章　学而不厌，想学好要先学会听课

第四章　学而不厌，想学好要先学会听课　◇

用心听课，让孩子事半功倍

凡凡自小就是个聪明的孩子，学习一向很自觉，很少让家长操心，从小学到初中一直是班里的前几名。而且他是劳逸结合的那种人，不是传统意义上的书呆子。凭借着出色的中考成绩，凡凡进了一所重点高中。这让他的家长很开心。

高二分班时，凡凡选择了理科。考虑到凡凡每天要上晚自习，回家不方便，家长在学校附近给他租了房子，希望给凡凡创造一个更好的环境。在高二的那段时间，家长和凡凡谈了几次话，告诉凡凡高考的重要性，要努力学习，争取考上一个好大学。想着家长这么多年对自己的期望，凡凡暗暗地下定决心不能让家长失望。

可是到了高二后，凡凡发现学习并不是想象中那样付出就有回报。而且自己这些年养成的学习习惯在高中并不都是有用的，尤其是在听课这方面。上课的时候，每门课的老师讲课方式都不一样。对于上课究竟主要听什么，是听老师说的每句话，还是挑出一些重点听，听的时候要不要记笔记等问题一直困扰着凡凡。有时候听着听着课，凡凡就会陷入"听课时我应该主要听什么"的问题里，精神不能集中，听课质量也不好。经过了几次考试，凡凡的成绩都在下降，这让凡凡和他的家长也很着急，不知该怎么做才好。

中学阶段是孩子学习生涯中承上启下的重要阶段，尤其是中考和高考，对于千千万万的学子来说更是有着非同寻常的意义。中国目前的中学教育主要是应试教育。这在很大程度上决定了在中学教学中，当堂讲解授课的教学方式有着重要的地位。凡凡在课堂上不明白自己听课要听什么，很有可能让自己陷入一种听不进去课而后听不懂，越不懂越不听的恶性循环中。

凡凡的问题在其他一些中学生身上也发生过。对于听课主要听什么这一问题，首先，家长应当让孩子知道什么是听课。听课是听课者凭借眼、耳、手等自身的感官及有关的辅助工具（记录本、调查表）直接或间接从课堂情景中获取相关的信息资料，从感性到理性的一种学习、评价及研究的教育教学方法。从这里，我们可以看出来在听课的过程中需要学生多方面地思考，并且深入进去。

其次，家长应教会孩子注意老师的教学方式，比如数学课，我们可以注意老师的解题过程，解题思路。最后，孩子可以注意一下听课时其他同学的状态，积极参与大家的讨论，课后也可以和同学们交流听课的感受。因此，把握好课堂的几十分钟对于学好课程是很重要的。家长应当教导孩子们摆正心态，告诉孩子们听课是很重要的，并且多和老师沟通孩子的听课情况，进一步知道孩子的想法。另外，家长应当教育孩子听课不要仅仅限于听老师讲的内容，还应当从老师的讲课思路，教学思路中学习独自思考的方法。

下面是一些供家长借鉴，关于帮助孩子明白听课主要听什么的方法。

1.课前做好准备工作，带着问题听课

带着问题听课，会让孩子在听课时更有针对性，从而明白听课主要听什么。

当凡凡的妈妈说到这个方法时，凡凡照着做了一段时间，不再像以前那样在课堂上不知听什么好,而是带着疑问去听课,老师每讲解一个新问题,凡凡的心里都会有着一种发现新答案的惊喜。凡凡进行课本预习提前找出自己不懂的问题后,听课变得有意思多了,在老师讲课的时候常常能发现问题的答案一个一个地浮出水面。

像凡凡的这种情况对于其他学生来说也是存在的。孩子在听课时不知道自己要听什么,一部分原因是孩子上课不知道自己要听什么。如果孩子能够在上课前就进行预习,找出课文中不懂的知识,在课堂上听课的时候便会抱着一种求知的欲望。

2.听课时跟着老师思路,学习解题思路

俗话说:授人以鱼不如授人以渔。在现在的课堂教学中,老师不仅仅是在传授知识,也是在讲解解题思路。孩子在课堂上听课时应跟着老师的解题思路,关注老师讲课时的问题是怎样提出来的,中间是怎样分析的,最后又是如何归纳总结的。孩子在课堂上注意老师的这些讲课内容可以在获取知识的同时,也培养自己的自学能力。

3.融入课堂氛围,积极参与讨论

班级上课的一大优势是很容易形成学习的氛围。孩子在课堂听课时应当积极主动地融入这个氛围中去。比如说,在老师提问时无论有没有问到自己,孩子都要主动思考答案。等到同学们回答之后再比较一下与自己的答案有什么不一样的地方。对于同一个问题,不一样的思考角度可以引起孩子们的争论。这样孩子听课的乐趣也会增加很多。积极融入课堂氛围,与同学们讨论听课内容对于孩子更好地理解老师上课讲的内容是有很大帮助的。

课堂提问，让孩子大胆举起手来

媛媛和阳阳自小一起长大，两个人经常在一起玩耍，性格上却有着很大的不同。媛媛外向，活泼好动，平时喜欢问很多稀奇古怪的问题，常常是打破砂锅问到底，让家长不知道如何回答。而阳阳喜欢安静，话不多，遇到不懂的问题先是自己学着从书中找答案，很少主动问别人问题。

从小学开始，两人经常一起上学放学。令两家家长感到欣慰的是，两个孩子的成绩都很好。上了初中以后，两人的学习状态开始不一样。媛媛依旧每天上课放学，情绪看起来很高涨，也不觉得自己有多大的学习压力。可是阳阳在上了初中以后却感到了明显的学习压力，经常熬夜学习。经过三年的努力，媛媛和阳阳都考上了当地的重点高中。

上了高中以后，两人都在为自己的未来而努力，期望能够考一个好的大学。可是阳阳与媛媛的学习成绩差距却越来越大。媛媛的性格依旧外向，繁忙的高中生活似乎并没有怎么影响媛媛的生活和学习。可是阳阳的成绩一再下降，考试的压力越来越大，性格上也更加沉闷。

妈妈看出了阳阳的压力，便到学校和班主任交流阳阳最近的学习情况。班主任说："阳阳学习一直很努力，只是性格上比较内向一些。上课不太喜欢回答问题，听课状态可能不是很好。像和阳阳一起升入高中的媛媛同学，她在上课时就比较积极地回答问题。两个人的基础都差不多，两个人的区别也就是上课时听课方式的不同。"

其实像阳阳的这种情况在中学生里并不少见。很多孩子学习明明很努力，可是成绩却不理想。在家长看来其实阳阳一直以来都很聪明，和其他孩子相比就是性格内向一些，上课不喜欢回答问题。家长要帮助孩子改变的也就是这个问题。

家长应当让孩子明白，上课积极回答问题对孩子是有很多好处的。首先，它可以使孩子更好地集中注意力。只有先听清楚老师讲什么，知道老师问什么，跟得上老师的思路，才能知道该回答什么问题。如果孩子在课堂上不积极回答老师的问题，可能会陷入一种"老师说什么和我没什么关系"这样一种错误的思维中，对于孩子的听课效率有很大的危害。

其次，上课回答问题能够锻炼孩子的勇气和信心，锻炼孩子的表达能力。阳阳在上了高中后更加内向，在人际交往方面也不如媛媛和同学相处得融洽，很多事情阳阳会选择闷在自己心里，学习压力也更大。而如果阳阳能够更多地在课堂上回答问题，这样能在阳阳表达自己的观点的时候也锻炼阳阳的勇气，同时增加和同学们的交流。

最后，课堂积极回答问题能够让孩子及时发现自己的不足。阳阳在课堂上的听课效率不高，有一部分原因便是没有完全听懂又没有问，日积月累问题越来越多。如果阳阳在课堂上积极回答问题，便可以把自己不懂的地方表达出来，并得到老师的及时纠正，完善知识的同时还可以加深对知识的理解。

对于孩子在课堂上怎样才能听好课，有以下建议供家长参考。

1.鼓励孩子表达自己的观点，参与大家的讨论

课堂学习的一大优势便是可以营造很好的学习氛围，大家在一起能够讨论着学习。不同的思维和观点在课堂上都可以得到很好的展现。西方一位哲学家说过："你有一个观点，我也一个观点，我们交换了便有两个观点。"孩子在课堂上积极发言可以更好表达自己的想法，也可以知道同学们的答案，了解别的同学们对同一个问题有什么不同的想法，可以让孩子在理解课堂教学内容的同时锻炼思维。

2.积极回答问题，表达自己的观点

积极回答问题，对于孩子在课堂上听好课是非常有帮助的。

阳阳在听了家长的建议后，在课堂上开始渐渐地活跃起来。在回答老师的问题上也更加主动。刚开始的一段时间里，阳阳回答问题有点儿紧张，表述不是很清楚，老师便会在课堂上对阳阳的答案进行分析。有时如果课堂时间不够，老师还会在下课时和阳阳进行讨论。一段时间以后，阳阳的考试成绩有了明显提高，而且觉得自己的学习能力也有了很大的提高。

阳阳提高成绩的一部分原因是阳阳敢于说出自己的想法，这对于学习来说是很重要的。

孩子在课堂上积极就一些问题提出自己的见解，如果老师发现孩子的想法有什么需要改进的地方，可以指出来，给予孩子正确思路的引导。这时孩子也可以跟着老师的思路学习正确的解题方法。

3.激发竞争意识，激发孩子潜能

孩子在做同一件事的时候常常会有一种竞争的心理，在课堂积极回答问题可以激发孩子的潜能，让孩子想到一些在平时可能想不到的答案。家长应鼓励孩子在课堂上积极举手回答问题，参与班级讨论。当孩子在一个氛围很活跃的班级里时，很容易受到周围同学的情绪感染。在这方面，家长应当教育孩子在课堂上敢于表达自己的想法，在课堂上发出自己的声音，当老师提问时积极回答老师的问题。

听课要"眼观三路，耳听一方"

涵涵从小性格外向，爱说爱问，让家人很是喜欢。等到涵涵上了初中以后，家长便为她报了舞蹈培训班，希望通过练习舞蹈可以培养孩子的特长。涵涵也不负家长的期望，通过一段时间的舞蹈练习在同学眼里俨然成了一个小小的舞蹈家，在学校的一些文艺活动里涵涵也多了一分自信。

上了初中以后，涵涵是班里的积极分子，大大小小的活动中常常能看到涵涵忙碌的背影。可是涵涵的家长常常为她的学习着急，涵涵在学校的其他方面是很优秀的，可是考试成绩却不理想。眼看中考将至，涵涵的成绩却不见起色。家长为此专门到学校和班主任讨论了涵涵的学习情况。

班主任说："涵涵的学习状态是很积极的，平时也能看出来她的努力。可能是性格的原因吧，我们发现涵涵听课的效率不高，她经常听着听着就走神了。"

妈妈说："我和孩子她爸爸也说过涵涵的学习问题，我们家的这个孩子呀，性格比较外向，在家里就经常闲不住。我以前和涵涵说过她听课的情况，她说有时听着听着课就不知道自己思想跑到哪里去了，经常这个想看看，那个也想瞅瞅。有时候外面的一点儿声音就会扰乱涵涵的听课思路。"

班主任说："看来涵涵是没有学会真正地听好课，听课应该'眼观三路，耳听一方'的。有时间你好好教导一下涵涵如何听好课。"

妈妈回家之后开始查找有关孩子如何听好课的资料，并和其他的家长交流了一些关于自家孩子听课情况的情况，发现很多家长对于孩子的听课效率都有些担心。

家长们对于孩子听课的担心主要是孩子在听课时不知道该怎么听，听什么。很少有孩子能做到"眼观三路，耳听一方"，因此成绩也不是很理想。对于如何才能使孩子听课有效率的这个问题，家长应该让孩子明白以下几点。

首先，家长应当让孩子知道，听课对于提升孩子的学习成绩来说是非常重要的。因此在面对有些孩子学习很努力成绩却不好的这个问题时，我们就应当从孩子的学习方法找突破口来提升孩子的学习成绩。中学知识很大一部分依靠学生对于知识点的理解。因此会听课、听好课是很重要的。

其次，家长要让孩子明白怎样去听课。孩子上课时，如果带着在课堂上要解决的问题，并可以在课前预习中准备好不懂的问题，有目的地认真听讲，可以促使孩子保持高度集中的注意力，认真观察，积极思考，争取当堂内容当堂理解并巩固。这需要孩子在课堂上跟上老师的思维，厘清老师讲课的思路。

最后，家长应当帮助孩子养成上课时"眼观三路，耳听一方"的习惯。这里的"眼观三路"是指：第一，上课时目光始终注视老师，知道老师的讲课状态。第二，注意看老师的板书或课件。板书或课件的内容都是老师精心设计的，里面会有新知识点、重点、难点等。第三，老师给大家展示各种投影、录像、实验、模型等都要认真观察，加强对课堂知识的记忆和理解。而"耳听一方"就是要求孩子将所有听力集中在老师讲课或同学发言上。这样听课能够跟上老师的讲课，积极思考，有选择地听出重点、疑点、难点，才能真正有所收获。

在对于如何让孩子养成上课时"眼观三路，耳听一方"的习惯，有如下方法供家长参考。

1.课前预习知识，带着好奇心去听课

通过课前预习，孩子能够提前知道这堂课讲什么内容，这堂课的重点是什么，而且在预习时孩子对于新内容中不懂的问题也有了了解。心里有了这些准备，在听课的时候就可以明白自己要听什么，带着好奇心去听课了。俗话说："兴趣是最好的老师。"当孩子通过课前预习对于老师讲的内容产生兴趣以后，上课时也会不由自主地跟着老师的讲课思路，注意老师讲的内容。家长应该知道孩子的好奇心带来的注意力对于听课内容的接受也是有好处的。

2.发散思维，多方面获取知识

老师在讲课时，用到的方法不仅仅是语言表达，经常还有表情、动作多方面的展现。在课堂上的"眼观三路"也就要求我们看的不仅仅是某一个单方面，而应该多方面地去考虑问题。这样也可以让孩子在回忆知识点时脑海中能够呈现出多方面的内容，对于课堂上的内容可以在回忆的时候更加形象和生动化。

也许是因为学习舞蹈的缘故，涵涵对于动作记得往往更快，更准。在家长告诉涵涵可以上课多注视老师的动作后。涵涵对于老师讲课的内容理解得更加透彻，而且更有兴趣听课了。常常是老师举手投足间的一个动作，涵涵都会抱着一种看舞蹈的心态去观察。一段时间以后，涵涵在课堂上听老师讲课觉得有趣多了。听课效率的提高也让涵涵的成绩有了明显的进步。

可见家长鼓励孩子发散思维，让孩子用自己独有的方式去了解课堂、关注课堂常常会有意想不到的惊喜收获。

3.听清老师讲课内容，学会排除干扰

古人说：两耳不闻窗外事，一心只读圣贤书。现在的孩子在课堂听课时应该学会排除杂音干扰，做到耳听一方。专心致志地听老师讲课可以更好地理解老师的讲课内容。在听课时，有些孩子的自制力不够，很容易被别的声音所干扰，一旦走神，会影响到孩子的听课效率。这就需要家长帮助孩子培养"耳听一方"的能力，专注于课堂内容。跟着老师的思路听课，仔细思考老师上课提出来的问题可以帮助孩子专心致志地听着老师的讲课内容。有些孩子可能觉得不必在老师讲课时每句话都听清，可以走走神。如果孩子有这种想法，家长应当及时纠正过来。上课时一心一意听老师讲课是很重要的，它不仅会使得学生的听课思路连贯,而且可以使孩子的听课有一个完整的内容。

用好笔杆子,快速提高孩子的学习成绩

小青是当地实验中学的一名学生,刚入初中时家长对小青的学习成绩很放心。因为小青从小就特别聪明,小学时是班里的活跃分子,常常帮助老师在班里组织一些文艺活动。小学毕业后,小青进入初中。在初中学习里小青的学习能力很快便凸显出来,考试经常能考到学校前几名。小青的家长对于孩子的成绩很满意。

可是上了初三以后,小青的成绩却有了下降的趋势。于是,妈妈找小青谈了几次话,告诉小青:"中考的成绩关乎高中学习的选择,这些对于以后考大学是有很大影响的。我和你爸爸都希望你能考一个好大学,以后好好地学习、生活。"

小青看着妈妈期待的眼神,告诉妈妈:"妈,你放心,我一定好好上学。"

进入初中以来,小青学习更勤奋了,常常学到晚上12点多。凭借着惊人的努力,小青终于考到了当地的重点高中。在高中,小青学习一如既往地努力,可是考试成绩却不是很理想。家长看着孩子天天很努力地学习可是成绩却不理想,心里很着急,于是去了学校和小青的班主任谈小青的学习情况。班主任说道:"小青是个聪明孩子,很多问题老师指

点一下就能够明白。学习也很努力，作业完成得很积极。可是听课时却不怎么记笔记。我觉得小青的成绩不理想可能和这个习惯有关系，你有时间和小青谈谈。"

回到家后，小青正在桌前写作业。爸爸搬了一把椅子坐在了小青旁边，问道："小青的课堂笔记做得怎么样啊？今天我和你班主任谈了一下你记笔记的情况，老师说你不怎么记笔记。"

小青放下作业说："爸爸，不是我不记笔记，我不知道怎么去记笔记。老师上课时我去专心地听课，如果记笔记的话时间就不够用了。而且我觉得上课内容我基本上都可以听懂，课本上也有知识点，没必要把老师说的都记下来吧。"

爸爸说："你的想法我理解，可是这种做法我不赞同。记笔记是有方法的，只要把握好方法是可以记好笔记的。再说上课即使能够听得懂老师讲课的内容也不能保证自己听完不会忘。你应该好好学习怎样在课堂上记好笔记。"

在我们的生活中，有着像小青家长这样烦恼的家长有很多。孩子很聪明，学习也很努力，可是因为上课不会记笔记，给孩子的成绩带来了不利的影响。家长应该分析一下为什么孩子不会记笔记。有些孩子上课觉得自己都听懂了，没必要记笔记。有些孩子则是觉得时间不够，上课时要听课又要写字实在来不及。诸如此类的原因都会使得孩子上课记不好笔记，影响孩子的学习成绩。

有一项针对孩子上课记忆的研究表明，当孩子听完课后马上进行测试，孩子一般能记住讲课内容的一半，而如果48小时后测试，则只能记住其中的

20%。如果孩子能把听课内容整理成容易理解和记忆的课堂笔记，便可以在听完课后及时复习，巩固已经学习的内容。

俗话说：好记性不如烂笔头。即使孩子在课堂上听懂了老师的讲课内容，在下课后也很容易忘记。对于中学生来说，老师在课堂上讲的内容一般都是重点，如果孩子不能及时记住课堂的重点内容，会让孩子在理解知识点上有很大障碍。课堂不能及时记笔记，尤其在复习的时候对孩子的不利影响会在更大程度上显示出来。比如故事中的小青，每次到了重要考试的时候，需要回顾老师讲的重点和难点，自己没有在上课时记笔记，复习时会不知道该从哪里入手。即使借了同学的笔记看，很多时候也不理解同学的记笔记习惯。考试复习没有自己的笔记，孩子在回忆老师的知识点时确实有困难。

作为学生的家长，应当让孩子知道记课堂笔记伴随着学习的整个过程。它可以帮助孩子厘清听课的思路、抓住听课的重点，并且为日后复习提供方便，更重要的是它能使孩子在学习时高度集中注意力，深入理解教师所讲的内容，从而提高学习效率。在关于家长如何引导孩子上课记笔记方面，提供以下建议供家长参考。

1.把握时机，明确记录时间

上课时记笔记很重要，但是听懂老师的讲课内容也同样重要。因此家长应当提醒孩子：记笔记时不能影响听课。这也就要求孩子记笔记时应当把握好时机。一般来说记笔记的时机有三个：一是老师在黑板上写字时，孩子可以在自己的笔记本上记下重点内容；二是老师在讲授重点难点时，要抓紧时间记下来主要内容，便于孩子在课后及时回顾老师上课讲的内容；三是下课后，人的遗忘都是有规律的，通常下课后孩子的脑海里还会有着上课的内容，这时孩子应尽快抽时间记下来那些上课时没时间记的内容。

2.学会选择，有取舍地记笔记

在中学阶段，老师在讲课时一般都会和同学们说什么知识是重点、难点等。这也需要家长教导孩子在上课时对于老师讲课的内容有选择地记。首先，家长应当督促孩子养成课前预习的好习惯，孩子在预习时可以把自己不懂的用笔标记出来。上课时老师讲到自己不懂的问题，孩子应及时记下来。其次，对于课堂上老师强调的内容，孩子应当有重点地记。最后，对于一些存有疑问的知识点，孩子也应当记下来，课下时间可以和同学们讨论，也可以请教老师询问正确的答案。有些孩子可能觉得不会的问题挺多的，需要很长时间来记。其实在课堂上录音，下课后再整理上课内容也是一个很好的办法。

3.提纲挈领，从大处着手

家长应当让孩子知道，课堂记笔记并不是要孩子把老师说的内容都记下来，而是应当记住重点内容，比如说记方法、记总结。多记一些老师的解题技巧、思路及方法，对于锻炼孩子的思维，提高解题水平都是有很大帮助的。很多老师每上完一堂课都会有一个课堂总结，这对提炼一堂课的精华、找出重点知识及各部分的联系、融会贯通课堂内容都是很重要的。家长可以教育孩子在记笔记时从大处着手，不要局限于一个小小的知识点，应当记住老师在课堂上讲的知识体系。这对于孩子理解知识，考试复习往往有更大的帮助，也应当是孩子课堂记笔记的重点。

第四章 学而不厌，想学好要先学会听课

如何教孩子在课堂上快速记忆

"爸爸，快来陪我玩儿，快点儿。"七岁的如如在书房里喊道。

爸爸放下手中的遥控器，关了电视向他的宝贝孩子走去。不知道这次如如要和他玩什么游戏。上次爸爸和如如一起玩拼图时费了好大的力气才拼好的一幅卡通漫画，如如三下五除二就搞定了。这使爸爸更加认定如如是个聪明的孩子。

如如渐渐地长大了，上了初中。家里人都对如如的学习抱有很大的期望，希望如如能好好学习，考一个好的高中，以后考个好大学。上了初中，如如的成绩一直都是班级的前几名，这让家长很欣慰，可是到了初三准备考高中时如如的考试成绩有了很大的波动。为这事爸爸妈妈和如如谈了几次话，向如如强调了中考的重要性。

看着家长期待的眼神，如如暗下决心：一定要好好学习考出好成绩。进入初三以来，如如学习更加努力了，可是学习时却觉得好多知识点都记不住。在课堂上听课如如也努力让自己跟着老师的节奏，认真听讲，可是常常感到自己的记忆力不好，经常听完就会忘。

升入高中以后，学业更加繁重。如如有时听着听着课就会陷入一种低沉的情绪里，感觉自己笨，记不住老师的讲课内容，在家里也会显得不耐烦起来。家长感觉到了如如的变化，对如如的变化也很着急。爸爸决定和女儿谈一次话，了解女儿考试成绩不理想的原因。

爸爸说："如如，你对学习的努力我和你妈妈都看在眼里，可是你的成绩怎么一直都不理想呢？"

如如说："爸爸，我一直都很想学习好，考出好成绩。可是我总觉得自己在课堂上听的内容听完了就会忘，自己老记不住老师说的话。"

爸爸说："记不住一定不是你笨，而是你没有找到合适的方法，只要把握了技巧，爸爸相信你的成绩一定会有进步的。"

在生活中，像如如这样感到上课记不住老师讲课内容的孩子有很多。一部分是孩子自己上课时精力不集中，听课时会走神，对老师讲的内容没有掌握。一部分是孩子自己的心理原因，其实人都会有一个遗忘规律，对于老师在课堂上只讲了一遍的内容，记不住也是人之常情。有些孩子常常觉得是自己笨，潜意识里告诉自己记不住。这样久而久之很容易给自己造成心理压力。

孩子把握好课堂四十五分钟，理解老师讲的难点和重点，对提高孩子的听课效率来说是非常重要的。如果在听课时孩子觉得自己没有记住老师讲的内容，在四十五分钟里没有多大收获，那对于孩子的学习成绩是有很大影响的。在课堂上的四十五分钟里把握好老师讲的知识点，往往可以起到事半功倍的作用。而且在课堂上老师讲授的时候还会教给学生一种解题思路和思考方法，这种学习能力是孩子在课下很难获得的。

在如何教导孩子把握课堂的学习方面，以下建议供家长参考。

1.巧用记忆技巧，把握记忆规律

研究得出，记忆分为瞬时记忆、短时记忆和长时记忆三种。在这些记忆中瞬时记忆的容量很大，但是保留的时间很短。一般来说孩子在课堂上听课时老师讲课往往是一带而过，对孩子来说大部分都是瞬时记忆。因此家长可以教育孩子在听课时有意识地重复老师的讲课内容，将瞬时记忆通过多次重复，加深对于内容的记忆。在课堂四十五分钟里，老师讲授的重点知识往往也不是很多，孩子可以有意识地重复一些重点内容。课后及时复习老师讲过的内容也是很重要的，隔一段时间的重复记忆对于孩子记忆课堂内容往往更有帮助。

2.多种感官结合，形象化记忆

中学上课时老师往往以讲授为主，长时间地听课难免会让孩子觉得有些乏味，视觉和听觉都会很容易感到疲劳。家长可以适当地教孩子学会调动其他的感觉器官。比如说当老师在课堂上讲关于细胞的内容时，孩子可以想象一下，如果现在有一个细胞在自己的桌子上，那他将会怎样去解剖细胞，细胞和其他的什么食物有什么样的联系呢？孩子多方面地思考老师在课堂上讲的内容，并试着将其具体化、形象化，这样可以将课堂四十五分钟的内容记得更久。

3.有所取舍，记住重点内容

有些孩子说觉得老师在课堂上讲的内容太多了，会记不过来。针对这个问题，家长应当提醒孩子在听课时学会有所取舍，知道老师讲的哪些内容是重点，哪些不是。孩子知道自己该记的重点知识在哪里，对于课堂知识的把握也会更加准确。在记笔记方面，孩子可以注意吸取老师同学提出的方法。

如如在听了爸爸的这个建议后，在课堂上听课不再纠结于自己能不能记住这个问题，而是学会对老师讲的内容有所选择，再去记忆。一开始如如会分不清哪些是重点，会常常向老师同学请教他们相关的方法。在这样坚持一段时间后，如如发现在课堂上的记忆范围虽然变小了可是记忆的效率更高，成绩也在一点一点地进步。

从如如的故事中我们也可以看出来，把握好课堂上四十五分钟对于孩子的学习来说是非常重要的。在课上注意老师讲的重点内容，有侧重地去记忆，对孩子记忆课堂内容是很重要的。而且如如对于老师同学提出的记忆方法也会虚心接受，可见注意吸取老师同学提出的记忆方法也是很重要的。

第五章 温故知新，让孩子做好课后的复习工作

第五章 温故知新，让孩子做好课后的复习工作 ◇

当天的知识要当天消化

小华今年十三岁，是个初一的中学生。

升入初中以来，课程增多，难度也加大了。可是小华仍像小学时一样放松，每天回到家就看电视，很少对当天所学的知识做复习，也很少预习。妈妈注意到这一情况后叮嘱他平时要多复习功课。小华说："没事的，考试前我复习一下就行了。"妈妈告诉他："孩子，初中不同于小学了，课程又多又难，如果你平时不复习，只靠考前临时抱佛脚是不行的。所以，以后放学回到家少看电视，要把当天所学的知识消化消化。"

小华还是听从了妈妈的建议。刚开始时，他每天都会复习当天的功课，回忆老师的讲课内容，翻翻课本，有时还会做些练习题。可是，渐渐地，他就坚持不下去了。回到家写完作业后就不想再学习了，有时老师讲的没听懂，本来打算回家后看课本，结果也一拖再拖。期末考试前他才发现，自己有很多基础知识都还没搞懂，只好每天熬夜复习。结果还是考得很糟糕。

上例中的小华不知道当天知识当天消化的重要性，对复习一拖再拖，考前才开始复习，导致成绩不理想。

很多孩子都认为，复习是考试快到时才要做的事，平时只要认真听课，按时完成作业就行了，所以平时不注重复习，考前才会翻看课本和笔记；还有些孩子虽然明白，当天的知识最好能当天消化，但却不能坚持，总是一拖再拖，问题也越攒越多，最终也没能做到及时复习所学知识。

及时复习知识对学生来说是很重要的，尤其是初中生和高中生，他们的课程较多，知识结构更系统化，也更加复杂。及时复习当天所学的知识不仅能帮助他们深入理解并记忆所学知识，还能使他们做作业更加得心应手，预习起来也更容易理解。久而久之，成绩便得到提高。因此，家长要培养孩子养成及时复习的好习惯，做到当天的知识当天消化。以下是一些供家长参考的建议。

1.尝试回忆课堂内容

复习当天所学的知识，可以从回忆课堂内容开始。家长可以引导孩子尝试回忆：老师都讲了哪些内容，是怎么讲的，哪些内容是老师重点强调过的，哪些知识是自己预习时没看懂的，现在懂了没有，为什么预习时不懂，等等。通过让孩子回答这些问题，可以让他们检验自己的听课效果，发现不足并及时弥补，对课堂内容进行回顾，使知识在大脑中重现，并更加深刻、突出，强化记忆。经常这样做，不仅能提高孩子的记忆力，还能让孩子听课更加专心，对知识的整体把握也更好，在大脑中形成系统的知识体系，有利于他们接下来的学习。

带着孩子回顾课堂内容时，对于回忆不起来或理解不透彻的地方一定要重视，可以让孩子翻看课本和笔记，巩固强化。

2.翻阅课本和笔记

有的孩子不太注重对课本和笔记的复习，有时做笔记甚至是为了应付老师。其实，考试要考查的就是对课本知识的理解和掌握，所有题目都源于课本上的知识。复习中，最重要的便是翻看课本和笔记。这是一个对知识进行检验和强化的过程。而且需要注意的是，并不是能回忆起来的内容就不需要再看书和笔记，因为记忆可能出现偏差，导致知识并未完全掌握。翻看课本和笔记时，最好能逐字逐句地看过去，因为以后很难有时间这样细致地复习。看的时候还要思考，想想哪些问题是听课时没太听明白的，现在明白了没有；哪些问题是老师强调了的，笔记本上有没有记下。最好能把书上的重点和难点标出来，以便考前进行复习。

家长还可以让孩子画个知识结构图，帮助他们记忆所学知识。

3.做练习题

只回顾课堂和课本上的知识是远远不够的，孩子还需要通过做题来检验自己对知识的掌握、运用能力，考试题目考的不仅是孩子对知识的记忆，更多的是他们对知识的理解和运用能力。所以，在孩子对知识内容进行回顾后，家长要让他们做些练习题，帮助他们理解和掌握知识。在做题的过程中，尽量不要让他们再翻看课本和笔记，让他们凭着对知识的记忆来做题。只有这样，才能达到强化记忆的效果。

孩子做完题后，家长要及时检查，发现错误后要为他们指出，并让他们尝试自己更正。如果还是不能做对，再让他们翻看课本，或者给他们讲明白。家长还应让孩子准备一个错题本，把自己做错的题目以及做错的原因写下，方便考前复习。

4.看辅导书

帮助孩子复习知识，家长还可以为他们买几本与教材配套的辅导书。辅导书上一般都会列出相应课程的重点和难点，并配有例题和练习，这些都是孩子需要完成的。在翻阅辅导书的过程中，孩子知道了重点和难点，强化了理解和记忆，又通过练习提高了自己对知识的运用能力。

在孩子看辅导书的过程中，有几点是家长需要注意的。首先，要注意防止孩子抄答案。一般的参考书上都会附有课本练习的答案，有的孩子做作业时便会把答案抄上了事，自己不做题。长此以往，孩子不仅复习不到知识，还会养成抄答案、抄作业的习惯，失去独立思考的能力，得不偿失。其次，要防止孩子过于依赖辅导书。辅导书虽然能帮助孩子复习知识，但它只是一种辅导工具，不可与课本相提并论。家长要让孩子明白，老师的讲课内容和课本上的知识才是最重要的，复习时仍要以它们为主，不能轻视课本，应先把课本看一遍，再去看参考书。另外，家长不要给孩子买过多的参考书和练习册，这会加重他们的负担，挫伤他们的积极性。

让孩子学会制订合理的复习计划

东东今年上初二，是个活泼聪明的学生。上课认真听讲，作业也总是按时完成。可是，他的成绩一直处于中下游，总是提高不了。

期末考试即将来临，东东开始考前复习了。东东复习的方法便是看课本，不管是文科还是理科，他都认为最好的方法就是把课本看一遍，把知识记牢了，考试自然就不会有什么问题。于是，他为自己制订了一个复习计划，每天早上提前一个小时起床，背背课本；晚上睡觉前再把笔记看一下。然而，东东只坚持了一个礼拜便放弃了。他宁愿在被窝里多躺会儿。

东东不喜欢物理，有很多知识他都没搞懂。当老师上课带着大家一块通过做题来复习时，他便悄悄地看历史课本，背历史知识。

很快，期末考试便来临了。考场上，东东发现有很多题都不会做，虽然他知道那道题所考查的知识，但完全没有思路。物理就更不用说了，有的题目他根本不知道在考什么。

上例中的东东没有为自己制订合理的复习计划，存在着时间安排不合理、方法不科学等问题，导致应考失败。其实，像东东一样存在着不会复习的问题的孩子并不在少数。他们缺乏经验，不懂得为自己制订合适的复习方案，有时甚至没有计划地复习。他们的复习中存在的问题主要有：时间安排不合理、不现实，过高地估计了自己的自控能力，没有考虑情况的突变；偏科，喜欢的科目花更多的时间和精力，导致偏科更严重；方法不科学，没有"因科制宜"；不注重课本，只知道做题，或者只看课本而忽略了做题。还有很多孩子则是制订了计划也未坚持，缺乏毅力。这些情况都会导致他们不能取得满意的成绩。

对于科目繁多、知识复杂的中学来说，制订合理的复习计划是十分必要的。一方面，合理的复习计划可以帮他们提高复习效率，改善偏科，提高成绩；另一方面，在指定复习计划的过程中，孩子加深了对自己的了解，学会了分析问题，统筹能力得到提高，这对他们的成长和未来有着重要意义。所以，家长要让孩子学会为自己量身制订合理的复习计划，帮助他们提高复习效率，取得进步。以下建议供家长参考。

1.计划要适合自己并留有余地

不同的孩子个人情况不同，复习计划也不同。家长要让孩子根据自己的情况制订合适的复习计划。比如，有的孩子晚上学习效率高，那他的复习计划就可以把重点放在晚间；有的孩子早上记忆力最好，那他就可以把重点放在早晨，每天早点儿起床背背书。

除此之外，家长还要告诉孩子，计划赶不上变化，他们的复习计划一定要在时间上留有余地，防止一件事的意外导致"满盘皆输"。比如，如果一件任务三天可以完成，那就要预留出一两天，防止突发事件将计划打破，影响以后的复习。同时，计划安排得不要太紧凑，要给自己留出休息时间。只有这样，复习效率才能得到提高。

2.计划要全面、不能偏科

很多孩子都存在着不同程度的偏科现象。有的孩子在制订复习计划时，完全根据自己的喜好来定，喜欢学的科目就多花费些时间和精力，不喜欢学的就少花时间。这样做不仅对纠正偏科无益，反而会导致他们不擅长的科目成绩降低。因此，在孩子制订复习计划时，家长应提醒他们计划要全面可行，对于自己的弱势科目尤其要重视，应该在这些科目上多花费些时间。只有这样，才能做到强化优势、弥补劣势，把弱势科目的成绩提高上来，改善偏科的情况。

3.采用"知识-题-知识"的复习结构

有的孩子复习时只知道看课本，忽视题目练习，容易造成做题没思路；有的孩子习惯用做题的方式来复习，基本不看课本，认为在做题的过程中已经把知识点回顾了，容易漏掉知识点，不知道题目考查的是什么。这两种复习方法都是不科学、不全面的。合理的复习计划不仅要包括做题练习，还要回顾课本，巩固知识。

家长可以建议孩子采用"知识-题-知识"的复习结构来制订计划。刚开始时，孩子应该把课本和笔记阅读一遍，回顾基础知识点，强化记忆，明确重点和难点。然后，他们应该通过对题目的练习来强化。要多做一些经常出现的、考查重难点知识的题目。自己做错过的题目更是要重新做一遍，看自己哪些地方容易出错。最后还是要回到课本上，把做题时发现自己还没完全掌握的、比较难的、自己总是出错的知识点再认真看一遍，强化理解。这样就能全面地把知识回顾一遍了。

4.学会突出重难点

不少孩子复习时没有重点，一概而论，不懂得舍弃，导致复习效率不高。家长要让孩子明白，复习过程中最重要的不是面面俱到，而是强化劣势，重点复习重难点知识。在他们制订复习计划时，家长要提醒他们，要翻看笔记和课本，把重点知识和难点知识找出来，对其进行重点复习。而那些自己已经掌握得很好的、比较容易的、不经常考的知识可以少花费时间和精力。只有这样，才能做到突出重难点，有针对性地复习，提高复习效率，从而提高成绩。

5.不同的学科复习方法不同

不同的学科有不同的特点，其复习方法自然也就不同。比如语文，复习时应该多背诵，多积累，多看课本；而物理的复习就需要通过多做题目来研究做题思路，做到得心应手。所以，家长要让孩子根据不同的学科制订不同的复习方法，因科制宜。一般来说，文科需要多看课本，多背课文和积累知识；而理科则需要在回顾课本知识点后，通过大量的题目练习来使自己熟练。

把握重难点，提高复习效率

小峰今年十三岁，刚升上初二。他平时学习认真努力，上课认真听讲，作业也总是按时完成。可不知为什么，成绩总是得不到提高，在班里一直处于中等水平。

期末考试就快到了，小峰开始复习。他打算把各科的课本和课后练习都看一遍。看课本的过程中，他发现有的地方自己还是不太懂，没有完全掌握。可他担心后面的内容来不及复习，所以也没把不懂的知识搞明白就接着往下复习了。有些知识他明明已经掌握得很好，可还是花了很长时间去看。看课后练习时也是如此，不管是什么题，他都要重新做一遍，有的题其实很容易，他也会做。这导致他常常需要熬夜才能把题看完。

直到考前的那个晚上，小峰还在做题，会做的题他又做了一遍，不懂的题却有很多没来得及弄明白。考场上，小峰发现有很多题都是他在复习中遇到过的不会做的题，这些题他还是不会做。结果他的成绩仍然不令人满意。这让他感到十分沮丧。

上例中的小峰由于在复习时过于追求"面面俱到"，没有突出重难点，把自己不明白的地方搞清楚，导致复习没有效果，不会做的题仍然不会，成绩得不到提高。

其实，很多孩子都存在着与小峰一样的问题。在制订复习计划时，他们往往要求自己面面俱到，希望能把所有知识都看一遍，却没有把重点放在自己尚未掌握的、老师又多次强调的知识上。即使有的知识很容易，他们也已经完全掌握了，还是会花很多时间复习，导致没有充足的时间巩固基础薄弱的地方，不会做的题还是不会。这样的复习效率不高，收效甚微，成绩很难得到提高。

要想提高复习效率，在考试中取得满意成绩，就不能片面追求面面俱到，而应在有限的时间内，把精力花费在最应该重视的地方，那就是重点和难点。重难点一般是老师多次强调过的、做题时反复出现的知识点，要学会找出它们。需要注意的是，重点和难点是相对而言的，孩子的个人情况不同，重难点也就不同。他们容易出错的地方、不会做的题就是他们的重难点。只有对这些地方进行重点回顾，才能强化劣势，弥补不足，在考试中取得不错的成绩。所以，在孩子复习时，家长要提醒他们把重点放在重难点上，多做练习。以下建议供家长参考。

1.翻看笔记和课本，发现重难点

复习时，首先要把课本和笔记看一遍，对考什么做到心中有数。在翻看笔记和课本的过程中，要注意回忆课堂内容，看哪些地方是老师多次强调过的；还要注意哪些知识是经常考查的，是自己还没搞懂的，要对这些内容进行重点复习。家长可以教孩子画一个知识结构图，边复习边把重点知识以结构图的形式总结出来，强化理解和记忆。

家长还要提醒孩子，在平时的学习中，要注意用彩色笔把课本上的重点知识画出来，以便考前复习；上课做笔记时，不要面面俱到，每句都记，要记那些老师重点讲解的，或是课本上没有的知识，这样复习时抓住重难点就变得容易多了。

2.多做练习，尤其是不会做的和做错过的题目

复习时，不仅需要回顾课本和笔记上的基础知识，还要多做练习来巩固，学会运用。而在做题的过程中，同样需要抓住重难点。那些不会做的、总是做错的题目就是需要进行重点复习的地方。家长要让孩子重视这些题目，尽量把它们搞清楚，重新做一遍，不懂的要赶紧向别人请教。

家长要提醒孩子准备一个错题本。在平时的学习过程中，要把自己总是出错的或不会做的题目写上去，而且要写出易错原因、不会做的原因以及解题思路。考前复习时，先把这些题独立做一遍，然后对照当时做的标注和解释，就容易知道自己的弱势，起到提醒作用。

3.不要在已经掌握的地方花费太长时间

不管是看课本还是做题，有的孩子总是想面面俱到，要求自己每个地方都要好好复习。这样做的结果便是没有突出，已经掌握的知识更熟练，不会做的题却经常由于时间不够等原因没有搞清楚，还是不会做，事倍功半，复习没有效果。因此，家长要让孩子学会敢于"放手"，已经掌握的、较为容易的知识就不要花费过多时间和精力，要重点复习那些自己掌握得不好、老师又多次强调的知识。

家长可以让孩子对照着目录进行复习。自己熟悉的知识只要在大脑中

回顾一下即可，不太明白的就要翻开课本，找到相应的内容进行复习。做题时，已经会做的题目只要能回忆起来，形成思路即可，不会做的题目则需要认真做一遍，搞清楚。

4.参考辅导书

家长可以给孩子买一些与教材配套的参考书。这些书中通常会列出相应课程的重点知识和难点知识，还会有相应的例题和练习题。看完课本后，孩子可以翻看这些参考书，明确重难点，对课本知识进行补充。还可以做做例题和练习，多了解一些题型，补充做题方法，形成做题思路，考试时更容易做到得心应手。

需要注意的是，参考书不可能取代课本，一切仍应以课本为主。家长要防止孩子因参考书而放松对课本的复习，甚至不看课本，希望依靠参考书上的知识总结来达到复习的目的。家长要让孩子明白，参考书只是一种辅导工具，对课本只起补充作用，复习仍应以教材和老师的讲课内容为中心。另外，有的参考书上的题目过偏过难，家长要防止孩子在这些题目上花费过多精力，甚至钻牛角尖。

复习要分阶段进行

康康今年十二岁，刚升上初一。

新学期开始了，一切都与小学时不一样了，不仅课程增多，知识也更加系统化，理解起来并不容易。老师要求大家每天回家后都要复习当天所学的知识，把没听懂的部分搞明白，查漏补缺。可康康却不以为意，他觉得上课好好听讲，按时完成作业就够了，复习和预习并没有多

第五章 温故知新，让孩子做好课后的复习工作

大意义。于是，写完作业后他便去玩了。

每次讲完一个单元，老师都会组织一次单元测试，并让大家通过这次测验发现自己的不足，进行针对性的复习。康康觉得只要在期末考试前进行复习就行了，平时的测验并不重要。所以，就在大家忙着做测试题，改正错误，总结经验并进行相关复习时，康康并没有把这当回事，还是像平时一样贪玩。

直到期末考试即将来临的时候，康康才开始准备复习。这时他才发现，自己有很多地方都不明白，理解得不透彻，题也不会做。可是显然已经来不及把它们都搞明白了，康康只得硬着头皮参加了考试。很多题他都没有做出来。康康后悔不已。

上例中的康康平时不注意复习知识，没有在各阶段查漏补缺，而是把复习任务一股脑全抛到了考前，导致复习不到位，考试表现不佳。

很多孩子都有着与康康一样的想法，觉得复习是考试快到时才需要做的事，平时没有必要复习。于是，他们很少复习当天的功课，也不懂得从平时的小测验中发现自己的不足并赶快复习以弥补，直到考前才开始进行复习，却发现为时晚矣。也有的孩子缺乏行动力，平时虽然有复习的意识，想要把课堂上没有搞懂的知识想明白，却往往拖拉磨蹭，迟迟不肯开始，复习任务拖了又拖，直到要考试了才紧张起来。这些都导致孩子不能做到分阶段复习，考试成绩总是不理想。

其实，复习并不是考前才要开始的任务，平时就应该抓紧，每个阶段都应该对所学知识进行相应的复习。从时间上划分，复习分为周复习、月复习、期中复习和期末复习；从知识上划分，复习又分为章节复习、单元复习以及总复习。在漫长的学习过程中，知识系统而繁杂，尤其是很多细节都需要孩子想明白、搞清楚。只有在平时的学习中做到及时复习，查漏补缺，才

能全面掌握知识，加强记忆，保证知识的完整性和系统性，考前进行总复习时也会得心应手，考试成绩才能得到保障。所以，家长要教孩子在平时的学习中分阶段进行复习。以下建议供家长参考。

1.当天的知识当天消化

要想做好复习工作，首先就要做到当天的知识当天消化。课堂上的一些内容孩子可能并未马上理解和掌握，这就需要他们在课下想清楚，搞明白。家长要提醒孩子，不管是老师的讲解还是课本上的内容，没搞明白的要尽量当天解决，不要拖延，否则问题会越积越多，给后面的学习带来困难。

家长可以让孩子这样复习当天所学知识：首先，让他们试着回忆一下课堂内容，查漏补缺，想想哪些地方当时不明白，老师是怎么讲的，现在明白了没有；然后，让他们查看笔记和课本，把知识从头到尾看一遍，把理解得不透彻的地方想清楚，找出老师强调过的重点和难点；最后，通过写作业、做练习来发现不足，巩固知识。

2.重视章节复习，融会贯通

每学完一节或一章，都要进行相关复习，这是很有必要的。在复习章节知识时，要注意查漏补缺，发现自己的不足。尤其是一些重点知识，一定要做详尽复习，在课本上做出相应标注，便于考前总复习。还要尽量把每一小节的内容联系起来，进行比较，做到融会贯通，使知识更系统化，理解更深入。

复习时，应先按照目录进行回忆。尽量不要看书，先独立进行思考复习。这样做有助于强化记忆，提高复习效率。实在想不起来，或是遇到一些很重要的知识点时再翻开课本，进行详细复习。同时，还应该把这一章所做的练习题再看一遍，尤其是不会做的和做错的题，想想不会做的题是"卡"在了哪些知识上，做错的题哪里易错，整理原因和思路，并摘抄到错题本上。

3.小测验后要进行总结

很多老师都会在讲完一个单元后让大家做一些单元测试题，以检验学习成果。家长要让孩子重视这些小测试，并学会利用这些题目来查漏补缺。因为在考前的总复习中，很难像单元测试这样细致、全面地复习所学知识。

做单元测试题时，要尽量不看课本，把它当作考试来进行。做完后，对照答案，纠正自己的错误，想想为什么会出错，出错的属于哪一部分的知识。然后翻看课本和笔记，详细复习相关知识，强化劣势，弥补不足。同时，还要把这些题目写到错题本上，并做出标注，以供总复习时参考。

4.别忽略复习笔记

在孩子分阶段复习的过程中，家长要教他们学会做复习笔记，记下复习时的发现和收获。这些都是他们的复习成果，不仅会让他们有成就感，激发学习热情，还能帮助他们把握知识的精华，使他们更容易抓住重难点，提高复习效率，取得满意成绩。

在复习笔记中，孩子需要记下复习中发现的重点知识、不太理解的知识、以前错误理解的知识以及容易出错的地方。孩子还可以在复习时把知识以结构图的形式总结出来，这也是复习笔记的一部分，可供他们总复习时进行参考。

目录复习法，让复习轻而易举

超超今年上初三，是个勤奋刻苦的好学生。随着中考的趋近，大家都越来越紧张，学校安排的模拟考试也多了起来。

月考就快到了。超超有一个习惯，每次考试前，他都会把课本看一遍，详细地复习大部分知识点，还会找到各种题目来练习。这次备考也不例外。复习物理时，超超把课本从头到尾都看了一遍，还把公式都抄到本子上，有时间就拿出来背。除此之外，他还把书上的练习题都做了一遍。可是，这种复习似乎并没有多大效果。背过的公式他很快就会忘记，经常需要重新看书；书上的习题做了一大堆，他却仍然没有学到什么解题方法和思路，有时甚至不知道题目考查的是哪部分知识。

就这样，超超的反复复习持续到了考试前夕，他记了一大堆公式，却有很多没有理解。考物理时，有几道解答题他总觉得似曾相识，好像做过类似题目，却又记不起具体的解法，公式也记得乱七八糟，最后也没有做出来。他的物理成绩因此差点儿不及格。

上例中的超超在复习时力求面面俱到，不懂得使用一些方法来帮助自己回顾知识，记忆知识，也没有找到重点和难点，导致效率不高，复习效果不佳。

生活中，很多孩子都有同超超一样的问题：复习时觉得无从下手，不知怎样去复习巩固学过的知识，只好"眉毛胡子一把抓"，逐字逐句阅读课本，结果却有很多知识都没有理解，也没有抓住重难点并学会运用，导致考试失利。还有的孩子则采取相反的方法，不知道该怎么复习，干脆就放弃，胡乱翻两页书，结果什么都没有复习到。对于这些复习时不知如何下手的孩子，家长可以教他们学会利用目录来复习。

利用目录来复习，就是指通过浏览目录得到提醒，回顾所学知识。这种方法可以帮助孩子较为快速地发现自己的不足和没有掌握的地方，查漏补缺，强化弱势。通过浏览目录，孩子还可以找出学习的重点和难点，分清主次，让他们知道哪些知识是可能考到的，哪些知识是不那么重要的，从而提高复习效率，加强记忆。按照目录进行复习，能帮助孩子把握整本书的知识结构，对知识的理解更加系统化，把课本读薄，避免无用的重复复习。以下是一些供家长借鉴的关于让孩子学会目录复习法的建议。

1.看目录时回顾课堂内容

家长要让孩子明白，看目录并不是单单理解目录即可，同时还要联想老师的课堂讲解和课本上的知识点。可以试着回忆一下，老师在讲这一节时，重点强调了哪些知识，哪些知识是可能考到的，自己掌握了没有。比如在看语文的目录时，就可以问问自己，这篇课文讲了什么，有没有生字生词，老师重点讲解了哪些部分，有没有需要背诵的段落，自己背下来没有，课文中有哪些地方值得自己写作文时借鉴等。通过这些问题，不仅可以帮助孩子检验学习效果，复习所学知识，还能让他们找到重难点，提高复习效率。

在孩子通过目录回顾课堂知识的同时，家长可以教他们试着用结构图的形式来整理知识，把自己由目录联想到的内容写出来。这样做不仅可以帮助他们查漏补缺，还可以加深记忆。

2.忘记的或重难点知识要在课本上做出标注

家长要让孩子知道，通过目录来回顾知识，最重要的目的便是查漏补缺，寻找并弥补自己的弱势。如果自己遗漏的知识没有被发现，这复习便是没有意义的，没掌握的还是没有掌握。所以，在遇到自己记不起来的知识时，要及时查看课本，并在课本上做出标注，提醒自己，以备以后做重点复习。除此之外，如果目录让自己联想到了这一节的重难点，一定要翻开课本认真复习，直到完全掌握为止。同时，还要做出标注。

家长可以让孩子准备一个本子，并在复习中发现的自己容易忽略的、老师强调过的知识都写上去，强化记忆，也方便自己以后对其进行重点复习，提高复习效率。

3.对各章节目录进行比较，举一反三

在孩子浏览目录时，家长要提醒他们，不要把章节知识脱离其他章节单独理解，要试着比较各章节的目录，寻找他们的联系。这样做可以帮助孩子对知识的理解更加系统化和深入，能由某一章节的知识联想到其他章节的知识，还能够形成一定的逻辑思维，宏观把握知识体系。同时，还可以使孩子形成发散性思维，做题时打破局限性，去寻找多种方法，做到举一反三。

家长可以教孩子在复习完一个章节的知识后对其进行小结，便于与其他章节进行比较，更深入地理解知识体系，把课本读薄。同时，也方便自己记忆。

4.通过目录联想题型

在通过目录进行复习时，不仅要回顾相关知识，还要联想自己做过的题目，并预测考题类型。家长要告诉孩子，在看目录时，要回忆这一章节自己做过的题目，尤其是自己做错过的经常出现的题目，那都是应该注意和重做的。这时，孩子应该翻开课本，查看自己当时做过的题目，把自己做错的题和与重难点知识相关的题重新做一遍，然后对照答案，理解并记忆。也可以在辅导书上找些相关题目来做。这样做有助于提高复习效率，学会解题思路，熟悉题型，考场上能做到得心应手。

让孩子学会试卷复习法

小霞和小文是同桌，两个人都是班里名列前茅的学生。不同的是，小文学习很轻松，学习效率也很高。小霞就属于那种学习起来有点儿吃力的孩子，看起来很刻苦，却没有什么太大的效果。小霞心里很难过，不明白为什么相差不多的成绩，而学习过程却差距这么大，为什么自己这么累。小霞自己也在心里嘀咕：现在还只是初中，如果到了高中学的

第五章　温故知新，让孩子做好课后的复习工作　◇

东西变多了会不会成绩跟不上。

小霞看见小文每天只是上课写作业，从来不复习也不写课外题，心里很是不服气。小霞开始每天关注小文是怎么复习的。一个星期的观察下来发现小文虽然不做课外题，但是对于每天的课后作业以及每次的测验很是认真，每天作业一发下来或测验卷子拿到手，看见老师的批改之后都要将试题浏览一遍，每道错题都要重新做一遍。有的是计算错误，重新算一遍；有的是忽视了知识点，就把知识点集中记在一个小本子上；有的是方法没有想到，小文就总结这些题，看看有没有相似的题，找到其中有没有相通的方法。每一次，小文都随着错题把老师上课讲过的内容好好复习了一遍，再好好思考一下自己的做题方法，形成自己的做题风格。

小文看似每天并没有过多地将时间都用在学习上，但是用这种作业或者是试卷复习法，能够有重点又印象深刻地将知识点复习一遍，着重针对弱点复习，事实上是一种事半功倍的方法。小霞看懂小文的复习方法之后，好好学习了这种方法，感觉学习起来轻松了许多。

案例中，小霞就是没有好好思考学习方法，只是埋头苦读。这样下来，到了高中以后，高三一个学期都是知识巩固的时期，如果仍然是拿卷子、利用题海战术提升学习的话，很可能成绩会下降。高三的时候，每个人都知道努力用功的程度都差不多，拼的就是学习方法。怎样在一样的学习时间内高效地学习是一个重点。这时候小霞的努力根本起不了太大的效果，学习的时间太长，反而会导致健康问题。做题不求多贵在精，老师每天留的卷子都是老师认为的好题，聪明的孩子知道要好好利用这些题。这些孩子会利用自己的方法，把卷子好好复习，做好错题总结、难题总结。

不光是高三，整个学习期间这都不失为一种复习的好方法。从小学会这种方法，提高了学习的效率，就会给孩子带来成就感和优秀感。除了少数孩子会在某一段时间突然变得成绩优秀，大多数孩子的成绩是从小就带出来的。孩子小时候已经习惯了优秀感，有了良好的成绩基础，就已经在一定程度上决定了孩子在以后学习生活中的学习态度。所以，家长要从小培养孩子的学习意识，教给孩子学习方法，让孩子懂得怎样去学习，怎样高效率地复习。试卷复习法很大程度上就是错题总结法。所谓学习，就是学会自己不会、不清楚的地方。这个方法恰好是针对这一方面，一针见血，直接寻找错误的地方，比起盲目地看书，看知识点，做新题要直接得多也简单快速得多。关于孩子学好试卷复习法这一方面，以下方法供家长们参考。

1.整理试卷，全篇浏览错题

每次试卷发下来之后，浏览一遍试卷，然后想办法拿到正确答案。在老师讲解试卷之前先将试卷上的错题重新做一遍。这一次能做对的题分析自己错在哪里，是马虎计算错误还是知识点遗漏或者错记，抑或是方法的错用。好好回想自己之前做卷子时的想法是什么样的。马虎计算错误的地方要注意，孩子可以想一些措施避免这种情况发生。知识点遗漏的地方，可以看看书和笔记，巩固一下学习的知识，重点记忆，也可以把知识点集中记在单独的一个小本上，随身携带，随时记忆。

2.上课认真听老师讲解

把卷子看一遍，将不会做的题标记下来，老师开始讲解试卷的时候，每一道题都要认真听，因为自己做对的题也可能有自己方法不够简单的时候，或者老师是讲的另外一种方法。讲到自己不会的题，或者是拔高类的难题时，尽量将老师讲解的板书记下来。上课时候没听懂也没有关系，下课自己好好研读。不会的时候单独问老师，看懂题目的核心知识点是什么，基本方法是什么。这类题型单独整理在一个本子上，同时可以多找一些这类题型多做一些，争取将这类题型做会做熟。

第六章 学以致用，不要让孩子忽视作业的重要性

第六章　学以致用，不要让孩子忽视作业的重要性　◇

用作业检验孩子的学习效果

小盖天资聪慧，学习成绩也一直不错，可是自从上了四年级，小盖的成绩却在不断下降，家长得知这一情况很担忧，他们也不知道其中的原因。

为了找出答案，家长便开始留心小盖的行为。一天，父亲进书房刚好看到小盖在急急地藏着什么东西，等到他离开了书房，父亲就打开抽屉，在抽屉的最里面发现了一艘未完成的帆船模型，再翻了所有抽屉之后，父亲陆陆续续地发现了好几架模型。每一架都极其精美，看得出来花了很多时间。这时家长才知道小盖已经很久没做作业，这就是导致小盖学习退步的主要原因。

在和老师联系后，老师告诉他家长，为了提高孩子的积极性，小盖和班上的一些成绩较好的同学都获得了作业的"免检权"。这项措施的效果不是很理想，班上很多学生成绩都退步了，他会尽快取消这项措施。

小盖只是一段时间没有做作业就造成了学习成绩的下降，这可知做作业的重要性，作业是检验孩子学习效果的有效手段，家长们应该重视孩子的作业情况。

孩子不喜欢做作业主要有以下原因：一是由于懒惰的共性，完成作业需要很多时间和精力，潜意识里厌恶作业；二是没有认识到作业的重要性，认为作业给自己增加了负担，不愿做作业；三是有些孩子被家长逼迫写作业，对作业十分抵触。做作业费心、费神、费力，每个人在本性上都是排斥作业的。为什么还是会有很多孩子认认真真地做作业呢？这多是因为他们对自己的某些抵触心理和惰性的克服。

作业是老师布置的学习任务，是学生课堂学习之外最主要的学习方式。课堂上所学的知识，学生要通过作业来巩固并掌握，进而化为能力并取得进步。孩子在思考解决这些问题时锻炼了孩子的思维，有利于孩子形成独立的思考能力。作业需要较长时间的思考，集中注意力，有利于培养孩子的耐心。那么，关于如何让孩子明白作业的重要性，以下方法供家长参考。

1.让孩子明白"学而不思则罔"的道理

老师布置作业就是提供了一个思考课堂所授内容的平台，加深学生对知识点的理解和掌握。只有学思结合，上课认真听讲下课及时完成老师布置的作业，才能真正掌握所学的知识。

刚升入高中的第一次月考成绩出来了，老师不敢相信小磊的成绩会这么差，一直以为加错了分数或是改错了，仔仔细细地检查了几遍试卷才接受这个事实。可是小磊上课很认真，下课的作业也完成得很好，成绩怎么会这么差呢？老师重新翻看了他的作业后发现了一个问题，就是小磊的作业答案和参考答案一模一样。

老师便把小磊叫来了办公室，在询问之下，小磊承认了自己平时做作业抄袭答案。老师问他为什么抄袭时，他回答："我觉得只要上课认真听讲，就没必要做作业。"

老师把他的试卷给他看，说道："这就是你只学不思的结果，高中的课程难度要远远大于初中，只听讲不做练习是不够的。"

小磊点了点头,并答应改正。

家长在告诉孩子这些道理时,不能只是高谈阔论作业的好处,要更多地结合自己的体会讲讲作业和学习的关系,可以多和孩子讲讲名人的学习故事,用孩子所崇拜的偶像刻苦学习的故事来鼓励他。

2.让孩子自己体会做作业的好处

很多时候家长说得再多再好,不如孩子自己体会一遍,让孩子自己明白做作业的好处,不用家长的监督、催促,孩子也会自己乖乖地写作业。

刚上一年级的小文特别讨厌写作业,每到写作业时总是想尽办法地推脱、耍赖。家长十分头疼,认识到有让小文明白作业重要性的必要。

家长绞尽脑汁想到了一种方法。于是,一天,家长跟小文说要做一个实验,小文很开心地答应了。家长先教了小文十个未学过的汉字,一个小时后再来听写,小文写对六个。然后家长又教了小文十个汉字,再做二十分钟的相关习题练习,同样一个小时后来检测,她写对了九个单词。爸爸就把这两个结果给她看,说道:"你看效果是很明显的,作业巩固了你学到的知识。"

小文点点头,回答道:"爸爸妈妈,我以后会好好写作业的,会把学到的内容好好掌握的。"

小文说得很认真,家长却笑了。

家长要让孩子自己体会到作业的好处,关键是让孩子自己去实践,对比发现做作业的好处。如果在征得老师的同意下,家长可以考虑进行一个周期较长的对比实验,旨在使对比结果更加鲜明,让孩子充分认识到作业的好处。

3.从周围人的身上加深对作业的了解

孩子们身边有很多人,他们或优秀或平凡,孩子们可以从他们身上获得经验或吸取教训,这也是孩子们教育体验的一部分,一个现实生活中的例子往往能给孩子更大的震撼。家长们可以加以引导,加深孩子们对作业的理解。

小龙学习成绩不是很理想,也不喜欢写作业,他经常抄袭作业或是敷衍了事,家长多次教育都不听。但小龙最喜欢隔壁的阿希哥哥,阿希哥哥很优秀,不仅性格好、学习成绩好,还弹得一手好吉他,玩滑板也玩得特别帅。这一天,小龙又被妈妈骂了,跟妈妈生着闷气,不理她。妈妈进来劝他吃饭,他生气说道:"妈妈最坏,阿希哥哥不做作业他妈妈都不说,就妈妈要我做作业。"

妈妈觉得很奇怪,便问:"你怎么知道哥哥不做作业?"

小龙回答:"我在他家玩的时候都没有听黄阿姨叫阿希哥哥做作业。"

妈妈听后笑了,就带着小龙拜访邻居。

到了阿希家,他正在写作业,听了小龙妈妈的叙述,很严肃地对小龙说:"没有谁不做作业却拥有好成绩的,做作业十分必要。"

这件事之后,小龙不在作业上偷懒了,学习态度也端正了很多。

家长可以让孩子明白那些认真完成作业的学生成绩较好,而不认真完成作业的学生成绩差些。可以给孩子树立榜样,让孩子向那些品学兼优的人学习,养成做作业的好习惯。

第六章　学以致用，不要让孩子忽视作业的重要性　◇

像考试一样认真地做作业

小欧刚上三年级，他的妈妈就开始烦恼了，妈妈烦恼的就是小欧做作业的态度。小欧从不欠作业，每天一回到家就开始做作业，甚至有时在学校就把作业做完了。可是，他做作业就像完成任务一样，求快求量不求质，错误率和空题率高，而且书写马虎、字迹潦草，页面不整洁。家长也经常教育他要认真点儿，可是每一次他都很有诚意地保证会好好写，过几天就抛诸脑后，依然我行我素。

这就像一个恶性循环，小欧写作业不认真导致学习不好，而学习不好让他在写作业上更没信心，写作业更不认真。

对于很多家长和老师而言，孩子写作业不认真是一个比较常见又让人头疼的事。很多孩子就像小欧一样，由于写作业不认真影响了学习导致成绩不够理想。孩子写作业不认真有很多原因，主要有以下两方面：一是学习态度不端正，写作业纯属应付老师家长的检查；二是做作业时不专心，心里在想着其他的事，或是当时有什么诱惑吸引了孩子的注意力。

不认真写作业不仅没有复习到当天的知识，还占用了孩子其他的学习时间，还有可能会养成不保持卷面整洁或是不认真的不良习惯，对孩子造成更大的影响，所以纠正孩子不认真写作业的习惯极为重要。

孩子在考试时往往能够集中精力做题，速度快而且准确率高。其中的原因主要有几方面，一是紧张、安静的做题环境集中了孩子的注意力；二是有

109

着把试卷做好,想得高分的目标,激励着自己把题目做好。同样,如果孩子能以这样的心态做作业,孩子的效率也会提高很多。就如何让孩子像考试一样认真做作业,以下方法供家长参考。

1.端正孩子对作业的态度

孩子对作业的态度决定了孩子是否认真做作业这一行为。只有端正了孩子对作业的态度,他才能认真、仔细地完成作业。

不知道从什么时候开始飞飞作业上的错误和涂改越来越多,页面也越来越不整洁。出差刚回来的爸爸看到飞飞的作业显然有点儿吃惊。他觉得应该好好和儿子谈谈了。

那天,看到飞飞极快地把作业写完就想着看动画,爸爸摇了摇头,走了过去对飞飞说道:"飞飞,为什么你现在做作业那么不认真?"

飞飞愣了一下,回答道:"爸爸,这些老师上课都讲过,做这些没什么意思。"

爸爸反问道:"那这些你都掌握了吗?"

飞飞没有回答。

爸爸继续说道:"作业是巩固练习的,满招损,谦受益,不会的习题一定要多加练习。"

飞飞点了点头,回到书房继续做作业。

家长们要让孩子明白作业对他学习的重要性,同时要在做作业方面给孩子足够的自由,让他自己承担行为的后果,让他们明白作业对于学习的重要性的,从而让孩子树立自觉、主动做作业的观念。

2.改善孩子做作业的环境

孩子的注意力很容易被其他的事物分散,而当孩子做作业需要集中注意力的时候，就要尽量减小对孩子的干扰。对孩子的干扰就是在他作业的环境中让孩子分心的事，像一些电视的声音、食物的香味或是好看的图画书之类的。

妈妈工作很忙，平时没时间陪小诺做作业，但当每天忙了一天回来却看到小诺潦草又不工整的作业，妈妈总是很生气，经常批评他。也因为这些事，小诺和妈妈的关系也渐渐恶化。

这一天，恰逢公司放假，妈妈在家休息，看到小诺回来就到书房写作业，可是没写多久就响起一阵吵闹的音乐声，这是小区的大妈们在跳广场舞。庸俗的曲调和吵闹的声音让她很心烦。而小诺却只是塞上耳塞继续做作业，看来小诺早已习惯，妈妈终于明白他做作业不认真的原因。

那天后不久，妈妈就重新装修了书房，换了最好的隔音材料。房间安静了之后，小诺的作业也工整了很多。

为了给孩子们一个好的做作业环境，有条件的家长可以单独给孩子准备一间书房让他写作业，如果在卧房内做作业，建议家长给孩子创造一个半封闭的安静的小空间。房间的灯光柔和一点儿，房内的设计应尽量简洁大方。也要避免在孩子做作业时会客，或是做一些其他声音太大，会分散孩子注意力的事情。

3.让孩子在固定的时间做作业

如果人们习惯在某一时间做某事，时间久了就会形成生物钟。生物钟不仅会让孩子在特定时间想起自己该干的事，而且会调节孩子的身体状态，让孩子的身体以最好的状态干某事。如果让孩子习惯在一个特定的时间做作业，孩子的生物钟便会自动调节，让孩子更能集中注意力。

小米每天放学回到家休息十几分钟，当时钟转到五点半就开始写作业。

这段时间，堂妹在家做客，看到她的作息时间，就问："怎么每天固定这个点写作业？再过一会儿就有动画片了，待会儿再做吧！"

小米摇头："我习惯了在这个点做，感觉这个点状态特别好。"

伯母刚好听到了她们的谈话就问小米妈妈怎么回事。

小米妈妈回答道："我们给小米制订了时间表，让她在固定的时间做固定的事，久而久之就形成她的习惯了，她自己也觉得在这段时间做作业的状态很好，就像她习惯这个点做作业，倒觉得太晚写作业不容易集中注意力。"

伯母夸赞道："这样做家长的也可以省心了。"

一张细致科学的时间表有利于孩子形成自己的生物钟，然后就是在家长督促下的践行，当连续做一件事超过六十天就会形成习惯。有计划性、规律性的学习和生活对孩子的未来成长和人生规划都是有好处的。

做作业也有巧方法

小洁一直是一个勤奋刻苦的孩子，上课认真听讲，下课做题复习。在学校所有的课间和休息时间，小洁都在做题，而回到家小洁也常常学习到深夜。但小洁的成绩却不算很好，成绩没有和付出的劳动相对应。

在后来的做题方法的介绍会上，老师给小洁指出了她的不足，小洁较为内向，和同学交流太少，她很少和同学交流学习或是向同学问问题，更多的时候是在闷头学习。尽管小洁经常一遍遍地归纳笔记、练习题目，却没有仔细思考或分析背后的联系。小洁没有好的做题方法导致了小洁学习成绩不理想。

在日常生活中家长和老师们会发现很多像小洁一样的孩子明明很努力，也做了足够多的题，可是成绩仍不是很理想，这其中的原因就是做题方法不够好。这个事例反映了做题方法的重要性，家长们应该在这点上多上上心。

家长们或许觉得很奇怪，不明白为什么自己的孩子在几年、十几年的"题海生涯"中却没有形成好的做题方法。造成这种状况的原因很多，一方面是老师在教学的过程中没有注重学生做题方法的培养，往往只要学生做出题，求出答案就行了；另一方面是孩子在学习过程中没有及时地总结、归纳和自我养成。但是，各省市的历年高考状元都有很好的做题方法。好的做题方法能够提高学习效率，也能减少孩子在题目中消耗的时间。孩子在总结和归纳自己的做题方法的过程中，也锻炼了思维能力。好的方法形成习惯，陪伴孩子的一生，对他们的未来发展和成长都大有裨益。

就如何帮助孩子养成好的做题方法，以下建议供家长参考。

1.教给孩子好的做题方法

有些孩子在学习中缺乏对好的做题方法的认知，不知道什么是好的做题方法。这时，家长们就要担负起教给孩子们做题方法的任务，帮助他们形成良好的学习习惯，减轻他们的学习困难。这些做题方法可以是一些基本的，像审题、阅题的方法，也可以是一些具体的做某些题目的方法。

小丽是个勤奋、听话的孩子，每次老师布置的作业都会认真完成。可是小丽做题速度慢，效率低，经常做作业做到凌晨。妈妈看了很是心疼，可又不知道有什么办法可以改善这种情况。

有一次和老师打电话，谈到孩子的这一情况，老师回答作业不是很多，可能是她的做题方法有问题，同时和她谈到了一些基本的做题方法。

这一天，妈妈陪着小丽一块做作业，妈妈这才发现她做作业的问题。小丽做的是英语阅读，她开始通读原文，可每遇到不会的单词就查字典，等知道了单词的意思就忘了前文的意思，又要重读一遍。做完这篇阅读花了差不多半小时，是规定时间的三倍。难怪小丽每晚做作业做到这么晚。

妈妈建议小丽不要查每个单词的意思，不认识的单词先猜它的意思，通读全文后再做题。采用这个方法后，她的速度明显快了很多，而且准确率也相差不大。妈妈也把做其他题目的一些方法教给了小丽。

在采用这些方法后，小丽的速度有了很大进步，再也没有做作业做到凌晨。

家长们可以从老师和书本处了解一些学习方法，教给孩子，帮助他们形成良好的做题方法，提高做题效率。

2.家长要注重后期的督促养成

把方法变成习惯是一个很长的过程。知道一些好的学习方法固然重要，可不能把这些方法变成习惯，为自己所用，即使知道这些方法也是徒劳的。所以后期的督促十分重要。

小诗做题的效率一直不高，为了改善她这种情况，家长特意买了一些介绍学习方法的书，书上讲的方法都不错，值得借鉴、学习。可家长发现在看完这些书后，她的做题速度并没有怎么提高，家长很奇怪。在观察后，他们才发现自己的女儿根本没有采用这些方法，依旧使用自己的方法。

于是，家长决定督促小诗形成习惯，要求小诗按照书上的方法做题，把一些简单有效的方法付诸实践，并努力把这些方法养成自己的习惯。

一段时间后，这些学习方法已经成了她的做题习惯，她的做题速度也提高很多。

在督促孩子学习的过程中最忌讳的就是以强硬的手段逼迫孩子。同样，在督促孩子养成做题习惯的过程中，也不要对孩子采用强制的手段。要让孩子明白好的做题习惯对他的帮助，要让孩子明白家长的行为只是帮助孩子形成好的做题习惯，让孩子更加主动积极地养成好习惯。

3.帮孩子找到适合自己的学习方法

有些家长每知道一种做题方法就迫不及待地告诉孩子，要求孩子把这种做题方法运用到实践中去。但做题方法没有太明显的好坏优劣之分，适合自己的才是最好的。只有真正与孩子能力相适应的方法才能最大限度地提高孩子学习。

小宝做题速度慢，家长为了提高他的做题速度，决定采用一本书上说的掐时法。无论孩子做试卷还是做习题都要求他在规定的时间做完，做不完就会有惩罚。

但小宝的基础较差，做题速度一直很慢，根本没办法在规定时间做完，经常要接受惩罚。一段时间之后，他的做题速度不但没有提高，反倒滋生了他对作业的厌恶心理，开始讨厌做作业。

家长在意识到自己的错误之后，开始改正，让小宝采用适合他的方法做题，暂时放弃速度，以做一道题掌握一道题的方法稳固基础。使用这种方法后，小宝的速度虽然提高得不多，可在基础得到巩固之后，他的速度有了很大的提高。

在帮孩子找到适合他的做题方法时，可以适当听取老师的建议、孩子的意愿，再结合孩子的学习情况选择最适合孩子的方法。一个好的学习方法必定是最适合孩子的，也是孩子最愿意采用和实施的。

要学会从错题中总结经验教训

白浩是县里一所重点中学的高一学生，他在校内非常有名，因为他的成绩好得耀眼，而且他看起来并没有下多大的功夫在学习上。因为学校是全封闭的，只在每个月月底的时候放假，所以很多男生喜欢晚上偷偷溜出去玩，据说白浩也喜欢出去，所以这所高中的学生都对白浩有很强烈的好奇心，都想知道他为什么学习那么优秀。

三年后，白浩以市理科高考第一名的成绩考入清华大学。几年来，这所学校好像还没有这么优秀的成绩出现，白浩的形象变得更加高大。

白浩之所以有这么优秀的成绩，原因有三点：一是他从上学起，就对自己有很严格的要求，他的同学曾经在各种各样的补习班见过他，那时候他的成绩已经很不错了；二是白浩懂得从错题中总结规律，一般犯过一次的错误，他都不会再犯第二次，这就保证了他的得分率；三是白浩经常温习这些错题，并且从这些错题中找出重要的知识点，花时间透彻理解。这些良好的学习习惯给白浩的学习奠定了良好的基础，保证了他知识的积累程度,所以他才能够在高中的时候取得优异成绩。

很多像白浩一样的孩子,都曾经说过错题本的重要性。而且,几乎每一个老师在孩子需要面对中考或者高考的时候,都会时刻强调错题本的重要性,有的老师会强制班里的孩子准备一个错题本,把错题完整地记录下来,然后经常性地翻阅,以此避免孩子再犯类似的错误。

高中和初中的知识虽然经过了几次变化,但是基本的教学大纲还是没有变的,所以这些知识还是一样的,不管考试的时候遇到什么样的题目,都是老师按照教学大纲拟定的题目。所谓"万变不离其宗",讲的就是练习一万道题目,可是考查的知识都是一样的,只是换了个"样貌"而已。而错题本就是为了锻炼孩子识别题目本质的能力,从题目的表象可以看出老师想要考查的知识,只要找到了知识点,想要解决题目,就是轻而易举了。错题本可以把孩子从"题海"中解救出来,这样学习的效率不仅提高了,而且孩子的负担也小了,不需要在浩如烟海的题目中浮沉了。大量地做题就是为了让孩子把这些书本上的知识理解得更加透彻,所以题海战术不是唯一也不是最好的方式。错题本是最有效也是最好的方式。错题本对提高孩子的分析能力和解题能力有很大的作用,促进孩子的思维发展,使孩子的思维变得更加严密有逻辑,减少孩子在做题的过程中犯的错误。每个孩子都知道,只要保证自己会做的题目得了满分,成绩一定会很好。

值得注意的是,有些孩子建立了错题本,只要是错题都会往上面摘抄,这是不对的,如果这样做,错题本就和作业本无异了,错题本上记录的题目应该是很精辟、具有典型性的题目,而不是一些因为粗心大意而做错的题目。错题本的重要意义是要孩子通过这些错题深刻理解自己曾经不懂的知识,如果错题本上记录的题目没有代表性,数量又繁多,孩子估计不会经常性地去看,如果孩子不看错题本,错题本建立起来就没有意义了。关于孩子建立错题本，这里有几点建议供家长参考。

1.帮助孩子建立错题本

很多孩子会觉得，建立错题本是一件非常浪费时间的事情，誊抄上去，根本没有时间看，即使孩子有时间看，他们也觉得还不如再做几道新题目来得更为有利。大多数情况下，孩子建立了错题本，都很少会去翻阅。所以，家长就要帮助孩子利用起错题本。

有时候，如果老师不强制孩子建立错题本的话，很多孩子是不会主动去做这件事情的。家长就要做孩子建立错题本的推动力，帮助孩子建立属于自己的完善的错题本。

家长可以给孩子看一些写得比较好的错题本，让孩子依照范本尝试着去记录自己在学习上犯的错误，然后在这个过程中，孩子会逐渐摸索出属于自己的错题系统，久而久之，错题本就会对孩子的学习产生很大裨益。

2.给孩子讲解错题本的重要性

学习好的孩子一般从小学习成绩都不错，并不是说他们本身比其他孩子聪明多少，而是因为他们的知识积累比其他的孩子多，所以学习越深入，这种差别体现得就越明显。错题本也是一样的道理，刚开始的时候，孩子并不会体会到建立错题本给自己带来什么大的好处，但是时间久了，孩子就会逐渐体会到错题本给自己带来的好处。

家长要给孩子讲解错题本的重要性，让孩子从心里懂得错题本的重要性，这样孩子就会自觉主动地建立错题本并且时常翻阅错题本，建立良好的学习习惯。

3.鼓励孩子坚持

做什么事情最忌讳的就是不能坚持下去，只要可以长期坚持，孩子的学习成绩一定会大幅度地提升。谈论到错题本，很多孩子都知道它是有好处的，但是知易行难，那些能够坚持下去的孩子一般都考上了不错的学校。所以，家长一定要鼓励孩子持之以恒，尤其是孩子刚刚建立错题本的时候，它对孩子学习成绩的提升不是特别明显，家长要给予孩子很多的鼓励，让孩子度过这段过渡期，等孩子体会到错题本带来的好处，家长更应该鼓励孩子再接再厉，反复纠正自己学习上的错误。这个习惯是要孩子在日常生活中慢慢养成的，错题本讲究的就是孩子的决心和毅力，做事情最怕的就是一曝十寒，不管做什么事情，坚持不懈都是最重要的准则。

做完作业别忘了做检查

唐耀是青藤中学的一名初三学生，学习还不错，他的成绩考上重点高中没有什么问题，但是班主任认为，唐耀的进步空间很大。

唐耀的思维转换得比较快，人也很聪明，但是他总是很粗心，每次都会遗漏一些题目没有做，要不就是计算的时候算错数字，唐耀每次因为粗心大意丢掉的分数加起来都可以超过班级的第一名了。但是唐耀总是不以为意，直到中考之后。

中考结束后，唐耀去学校填报志愿。

填完志愿之后，唐耀和同学们有一搭没一搭地聊着天，突然聊到了中考的数学考试，同学说："这次数学考试，后面的那道大题可真难，我想了半天就解出了第一问，后面的两问我都不会，哎，你呢？"

唐耀突然想到了什么，问："后面那道大题？题目你还记得吗？"

"不太记得了，好像是求解什么圆方程吧。"同学回答道。

"我……我……唉！"唐耀说不出的难过。

同学见唐耀情绪不对，就安慰道："没事啦，那道题目很难，好多人不会呢！"

唐耀顿了顿，说："我好像把后面那页的题目给遗漏了，我的毛病又犯了。"

中考成绩出来后，唐耀考了550分，虽然考上的也是县级重点中学，但与市一中失之交臂。

中考、高考中不乏唐耀这样的孩子，他们学习成绩一向不错，人也很聪明，如果可以改掉粗心大意的毛病，成绩一定会很好。但是，粗心大意的毛病不是一朝一夕就可以改掉的，因为粗心大意都是一点一滴地"积累"起来的。所以，孩子要改掉粗心大意的毛病需要一个长久的过程。

既然粗心大意的习惯不好改，那么孩子就要尽量养成认真仔细的好习惯。孩子在做完作业的时候记得检查，就是一个很好的培养孩子认真细致观念的习惯。

作业是孩子在课下学习知识时最常见也是最好的方式。作业检查就是促进孩子养成自我反省、自我检查好习惯的有效手段。通常，那些把作业很好地完成的孩子，学习成绩一般不错，而且考试的时候心理素质都比较好，而那些作业没有积极完成的孩子，或者完成了作业但是错误很多的孩子，学习成绩一般都不太理想，而学习不好就是知识理解不透彻的缘故，这就是孩子在作业检查的时候需要发现的问题。

做完作业认真检查，可以帮助孩子避免很多的错误，尤其是像计算出错、抄错数字这类小问题，久而久之，孩子在学习上的认真程度就会大大提高。完成作业之后，孩子仔细地检查是保证学习效果的必要手段，也是保证孩子学习成绩的重要基础。对于孩子做完作业检查的事情，这里有几点建议供家长参考。

第六章 学以致用，不要让孩子忽视作业的重要性 ◇

1.教会孩子检查作业

检查作业是一件很枯燥的事情，孩子完成作业之后，就会如释重负，此时，家长告诉孩子，还要检查作业，孩子一定会草草检查一番就结束。而且，很多孩子不知道检查作业该检查什么。所以，家长一定要教会孩子检查作业。

首先，查作业的时候应该先浏览一下字迹是否工整，从整体上看作业的完成效果。整洁娟秀的字迹给人的感觉很舒服，中考、高考的时候尤其讲究卷面整洁。有时候，同样的卷子，可能其中一个孩子的字写得比较好，就因此可以获得更高的分数，即使这个差距很小，但是每道题目差一分，积累起来就是很高的分数了。所以，检查字迹是很重要的。其次，查有没有遗漏的题目、计算题的结果是否正确、数字有没有抄错等作业中的明显的问题，然后逐一改正。完成了这些步骤之后，基本上作业就检查完了，然后根据作业，孩子可以回想一下今天学习到的新知识以及以往的旧知识。

2.告诉孩子检查作业的好处

孩子检查作业有四个好处：第一，孩子们比家长更明白，作业中考查的知识点是什么，孩子们检查作业可以找到不理解的地方，发现更多的问题，提高作业的正确率，减少错误；第二，检查作业可以加深孩子对学习到的知识的理解，使孩子更加透彻地理解课本上的知识，增强孩子灵活运用知识的能力；第三，孩子们通过检查作业可以变得越来越认真、细心，养成好的习惯。所以，孩子一定要养成做完作业勤于检查的好习惯。

3.写作业检查反馈

现在，老师都会要求孩子检查作业，孩子年龄小的时候让家长检查，孩子长大之后自己检查，不管方式怎样，检查都是最重要的。

孩子检查作业次数多了，可以在固定的时间写一份作业反馈，以此来发现自己的问题并且及时做出改正。比如孩子一个月的学习计划结束之后，可以在月底写一份作业检查反馈，总结每次作业中检查到的问题，并且把这些问题按照重要性依次排列，发现了问题，孩子才能及时想出有效的措施来解决改正这些问题。

孩子通过写作业检查反馈，可以明确自己的学习目的和学习态度，根据上个月的作业检查反馈，孩子可以在下个月制订出新的作业计划，促进孩子的自我发展。

第七章 开卷有益，良好的阅读习惯让孩子更受益

第七章　开卷有益，良好的阅读习惯让孩子更受益　◇

让阅读成为一种爱好和习惯

冉冉是一名小学生。冉冉的很多伙伴从幼儿园起就报各种各样的辅导班，而冉冉一直对这些课外辅导班提不起兴趣。冉冉的家长一直苦于不知道如何培养孩子的业余爱好和兴趣。每当他们问冉冉喜欢做什么的时候，她总会默然地摇摇头，告诉家长她也不知道自己喜欢什么。

一次偶然的机会，冉冉的妈妈在和一名从事教育工作的朋友聊天时，谈到了冉冉的问题和自己的担心。这位朋友建议冉冉妈妈可以先试着给冉冉看一些人物传记之类的书籍，看看效果如何。冉冉妈妈抱着试试看的心态，给冉冉买了一些人物传记，没想到冉冉对其中一本非常感兴趣。这本是苏联女芭蕾舞演员乌兰诺娃的传记。冉冉被乌兰诺娃对舞蹈的热爱深深地感动了。尽管乌兰诺娃的体质很弱，几乎所有的常见病都得过，可乌兰诺娃也从未放弃过对舞蹈的热爱和学习，并且逐步形成了自己独特的风格。

之后，冉冉让妈妈为她报名参加了舞蹈班，把舞蹈作为自己的兴趣和爱好，从中更多地体会着乌兰诺娃的精神，也作为自己学习舞蹈的动力。冉冉作为一名入行较晚的舞蹈初学者，并没有太多的优势，在学习的过程中也遇到了各种各样的阻碍和困难，但是冉冉学起来要比其他小朋友更加刻苦努力。

冉冉之所以如此努力，是因为她决定把舞蹈作为自己的梦想，她要努力成为乌兰诺娃一样的优秀舞蹈家。一本乌兰诺娃的传记开启了冉冉对于舞蹈的爱好之门。相信在书籍的影响下，冉冉一定能够坚持自己的梦想，为之不懈地努力。

通过冉冉的经历，我们可以了解阅读对于孩子的重要作用。托尔斯泰曾说，理想的书籍是智慧的钥匙。阅读便是帮助孩子撷取智慧与知识的最好途径，阅读可以让孩子增长知识、增加见识。

良好的阅读习惯能够让孩子更广泛地认识世界，激发上进的激情。阅读能让孩子看到世界，有上进心，可以让孩子更加明确自己的人生目标，不甘于平庸，希望能做出成就。这时，他们自然而然就会去寻找自己的抱负，会去思考自己喜欢做的事是什么，想要在哪一方面做出成果。而通过阅读所积累的知识和见识就会为他们提供一个参考，他们会选出自己真正喜欢做的事，确立自己的目标和抱负。

良好的阅读习惯可以让孩子了解到一些日常生活中接触不到的东西。知识来源于生活，但是每个孩子都会受到生活环境的限制和制约，对于自己生活环境之外的世界的认知则需要更多地依靠书籍的帮助，比如说一些科学知识、历史知识等。这时，孩子们就需要通过阅读来了解这些知识。好的书籍可以让孩子们了解更多知识，拓宽知识面。

孩子在学习生涯和以后的工作中，都离不开写作。写作能力的高低会对孩子产生重要的影响。阅读可以帮孩子增加词汇量，提高写作水平和理解能力。很多孩子觉得写作文时无从下手，究其原因就是词汇储备不够。通过阅读，可以增加他们的词汇量，加深他们对一些词的理解，让他们学会运用。这有助于提高他们的阅读和写作水平。

齐齐虽然只是一名刚上三年级的小学生，但是他的作文水平非常突出。经常在作文中引经据典，精彩连篇。原因就是齐齐从小就在家长的关注中，培养起了良好的阅读习惯。到三年级的时候，他已经开始阅读国内外的名著了。

由此可见，良好的阅读习惯不仅可以帮助孩子丰富知识、提高写作水平和能力，还有助于孩子寻找自己的兴趣，并树立远大的理想。家长应该从以下几个方面来引导、培养孩子阅读的兴趣和爱好。

1.让孩子自己去找答案

对于生活中的疑问，家长不要直接给出孩子答案，可以引导孩子从书中去找寻答案和解决办法，从而逐步培养孩子对于书籍的兴趣，让孩子主动地去阅读书籍，发现自己喜欢的书籍类型和阅读方法。

豆豆从小就喜欢问家长"为什么"，为什么会天亮天黑，为什么会有太阳、月亮，为什么大象的鼻子那么长，等等。他的家长根据他的好奇心，不是简单地告诉他答案，而是在他很小的时候就为他购买了适合儿童阅读的《百科全书》和《十万个为什么》。随着年龄的增长，豆豆不仅比同龄的孩子知识面更加丰富，而且更加懂事。

2.给孩子推荐和学习相关的书籍

适当地根据孩子的课堂知识和学习内容，推荐一些相关的课外读物，将课堂的知识加以拓展和深入，这样也更容易激发孩子对于书籍的阅读兴趣。

目前，根据相应的课内知识，老师在每个学期都会有推荐阅读的书目。家长可以从中选取一部分比较适合孩子的书籍，让孩子抽出一部分课外时间阅读，进而强化课堂学习的内容，加深对知识的消化理解程度。

3.营造良好的阅读氛围

阅读离不开良好的家庭氛围。家长应该努力营造一个全家读书的氛围，根据各自的工作需要和兴趣爱好,将书籍作为家中重要的一部分,从小就让孩子耳濡目染,受到书籍的熏陶。家长在培养孩子读书习惯时,也要给孩子安逸的读书氛围,这样才能帮助孩子提高读书的积极性,让他更加乐于阅读。

4.读书后开展家庭讨论

好的书籍可以全家一起阅读,并且在阅读之后可以进行家庭式的讨论。这样不仅增加生活的乐趣,而且让孩子觉得读书是和家长沟通的一个良好的方式和途径,让书籍成为家庭生活必不可少的一部分。

家长通过全家阅读培养孩子的阅读习惯时,先要做到和孩子一起读书,让孩子知道家长在陪着他,从而可以让他安心地阅读,提高阅读效率。因为,开始的时候,孩子自己读书很容易受其他因素影响而分神。家长在旁边陪他阅读时,可以起督促作用,使孩子的注意力更加集中。用这样的方法就可以提高孩子的阅读效率,让他逐渐将阅读变成一种习惯。

总之,良好的阅读兴趣培养不是一朝一夕就能完成的,需要家长和孩子共同努力,才能真正地将好的阅读习惯变成孩子生活的一种方式。

培养孩子快速阅读的能力

多多是个可爱的小女孩,可是从小就表现出了慢性子的特点,做什么都不紧不慢。小学之前,这种性格也没有什么大的影响,可是上小学后,由于学习压力增大,多多的慢性子就成了她学习成绩提升的最大障碍。

平时的课堂学习接受慢还可以课下多用点儿功夫补课,可是考试答

第七章　开卷有益，良好的阅读习惯让孩子更受益　◇

题的速度过慢就没有办法补救了。眼看着每次的考试成绩都不理想，多多的家长非常着急。在一次语文测验中，老师增加了一道阅读理解的题目。有一篇短文需要同学们阅读后作答。阅读题目比较难，考试时间很紧张。可是其他同学"一目十行"很快就读完了文章并在最后几分钟答完了题，而多多由于读题速度慢结果题还没读完考试就结束了。

为此，多多回家之后还忍不住大哭了一场。多多的妈妈除了安慰，一时间也不知道该如何处理。

多多阅读理解速度慢固然和她的性格有关，但是最主要的还是因为没有掌握有效的阅读方法的缘故。在孩子的学习生涯中，并非所有的知识都需要精读，逐字逐句地掌握和理解，很多时候快速阅读可以更好地拓展孩子的知识和眼界，对于不是非常关键的书籍和内容，完全可以通过泛读的方式进行阅读。

泛读是一种快速阅读的方法。泛读的方式可以将书籍的内容通过广泛而粗略的方式快速读完，抓住梗概和要点。阅读时可以通过抓住书中的关键性句子，弄清主要观点，了解其结构内容。

有效地掌握了泛读的技巧，有助于孩子提高读书速度和效率，能够帮助孩子在有限的时间里读到更多书籍，掌握更多的知识，从而更加有利于扩大孩子的视野，拓展孩子的思维，增强孩子知识迁移的能力，深化孩子对基础知识的学习，更好地培养孩子的能力。

著名出版家邹韬奋的泛读法被称为宝塔式读书法，该法形象地概括了泛读的过程和方式。一般来说，泛读可以分为这样几个步骤：一是浏览全书，找出书中的主要结构和内容，并做出相应的标记；二是精读做出标记的部分，并且进一步理解。这种泛读和精读相结合的读书方式对于孩子将有很大的帮助，无论是应对考试题目，还是作为自己阅读兴趣的培养都有着非常重要的作用。因此，这种方式在很大程度上节省了阅读时间，也方便看相对重要的内容。

作为家长，在培养孩子的泛读能力时，还可以采用以下的方法。

1.快速阅读能力培养从一目十行开始

对于不需要逐字逐句阅读的书籍，可以让孩子通过一目十行的方式掌握书中的主要内容。古人有"好读书，不求甚解"的话语，意思就是对于不需要理解透彻的内容，可以通过快速泛读的方法略过。一目十行快速阅读的方法主要是看文中重要的句子段落，忽略无用的修饰性句子，了解文章内容结构。这种方法能大幅度减少页面阅读量，加快阅读速度。读书不用细细品味每个字每句话，只要了解结构与内容，获得知识或写作技巧就好。

西西是他们班级的读书小明星。虽然只有十岁，刚上三年级，可是她已经读了很多名著。西西的语文成绩和作文水平一直都名列前茅，同学们惊讶于她的读书速度，纷纷向她请教读书方法。西西告诉他们要加快读书速度，有很多方法，她用得最多的就是一目十行的方法。西西说可以在看书时将视线的范围放宽，看书时缩短视线停留的时间，记住有价值的关键性的词句。这样就能很快地掌握读物内容，加快读书速度了。

在刚开始使用这种方法读书的时候，很容易看完一页不知所云，这时候往往需要再重复阅读，逐渐掌握到内容要点。这是一个正常的学习和训练的过程，孩子出现看完而说不出内容的情况时，家长不要过于着急而训斥孩子，要有耐心让孩子逐步掌握这种阅读方法。

2.泛读方法必不可少的环节——跳读

跳读又称为略读或者浏览，是一种应用率非常高的快速阅读的方式。跳读是要求孩子有选择地进行阅读，可跳过某些细节，以求抓住文章的大概，从而加快阅读速度。跳读的方法具体来说就是，在阅读书籍时，要先把文章粗略地浏览一下，看看文章中是否有自己解题所需要的信息，然后了解这篇文章的题材和体裁，以便运用相应的阅读方法。

在考试过程中，如果没有充分的时间，而且文章又不需要深层次理解时，就可以运用跳读的阅读方法。

根据研究统计结果，一个好的跳读方法运用者，阅读速度可以达到每分钟3000到4000个词。同时，跳读的方法可以训练孩子更好地掌握文章的主要段落，更好地了解文章的结构和层次安排特点。

3.在不知不觉中教孩子学会快速阅读

很多家长都有这样的体会，当刻意让孩子学习某种技能或者特长的时候，往往会给孩子带来一定的心理压力，从而影响学习的兴趣和效果。但是，如果是在孩子边做自己喜欢的事情的时候，边教给孩子某种东西，他们反而学得更快更牢固。对于快速阅读能力的培养也是一样的道理，如果家长能够通过玩乐让孩子掌握这种技能，相信孩子更加愿意接受家长的建议。

小刚是他们班的才子，经常出口成章，引经据典，很受同学和老师的欢迎。小刚优秀的表达能力和妈妈的教育分不开。生活中，小刚和妈妈经常玩读书游戏。当小刚看书时，妈妈会给他提出不同的要求，比如找出文章中的人物、时间、地点，出现频率高的词语等。小刚非常喜欢和妈妈玩这种互动游戏，时间长了，他的阅读兴趣越来越浓，知识量也积累得越来越丰富了。

爱玩是小孩的天性，掌握快速阅读的方法可以从游戏中获得。这样既不会压抑孩子爱玩的天性，也可以让孩子爱上读书，从而更主动地汲取书中的营养，并且灵活地应用到生活中。

广泛阅读，可能扩大孩子的知识面

欣欣从小就是一个心思细腻的女孩。到了小学之后，自然而然地就喜欢看一些情感类的小说或者杂志。大量地阅读让欣欣有着超乎一般孩子的成熟心智，作文水平也非常高。不过，也有一些问题，由于阅读的种类过于单一，对于其他方面和领域的认知就显得相对薄弱些。

有一次，欣欣在班级里做值日，她在拖地的时候，墩布的头突然掉下来了。她本打算把墩布扔掉，但是，转念一想，这个新墩布还没有用过几次就扔掉，太可惜了。就在她犹豫的时候，一起做值日的男孩童童走了过来。

了解了墩布的情况之后，童童二话没说，就把墩布拿到了一个备有各种工具的地方。童童说："这简单，只是固定墩布的铁丝脱落了，我再把它固定上就可以了。"

墩布很快就被童童给修好了，固定得非常牢固。欣欣崇拜地对童童说："你真厉害，怎么就知道通过这种方式就能固定好呢？"

童童轻描淡写地回答："没什么，这只是一些基本常识，我在一些科普书上学到的。"

欣欣听了童童的话语，显然愣了下，然后就又若有所思地继续做值日。只是，从这件事情之后，欣欣再也不像以前那样只看一种书了，而是增加了自己阅读的广泛性，各种各样的书籍都要看一些。

第七章　开卷有益，良好的阅读习惯让孩子更受益

男孩和女孩由于各自的特点不同，造成了喜欢阅读的书籍也有很大的差异。事例中的欣欣就具有女孩的普遍阅读喜好，喜欢读一些偏文艺的书籍。这种阅读的局限性对于孩子的全面发展是不利的，家长必须注意引导，让孩子更广泛地接触各种各样的书籍。

书籍对孩子的成长有很大影响，不同性别、不同性格的孩子对各类书籍的兴趣也会不同。但是，如果孩子的阅读面不广泛，就无法了解各个方面的知识。所以，家长在培养孩子的阅读能力时，要让孩子多方面阅读，以下方法供家长参考。

1.积极参加社会实践有助于养成孩子广泛阅读的习惯

孩子的兴趣是需要培养的，根据自己的兴趣爱好选择不同的书籍也是孩子正常的行为。对于兴趣爱好比较少或者不够广泛的孩子，在选择书籍时则需要家长给予更多的引导。家长不能忽视了孩子广泛阅读兴趣的培养。

事例中的欣欣原来就是一个阅读面比较单一的女孩。她在选择书籍时，都是一些情感类的书籍，导致在遇到墩布坏掉的情况时，便不知道应该如何处理。童童解决问题的能力，恰恰激发了她阅读科普类书籍的欲望。

因此，培养孩子广泛的阅读兴趣，最为简单有效的方式就是让他们多参与社会实践活动，通过拓宽他们的视野和思维引发孩子们阅读其他类书籍的兴趣，从而主动地去阅读，以弥补自己知识的欠缺。

2.充分把握孩子的阅读特点，因人而异地引导阅读

每个孩子都有自己的独特之处，包括阅读书籍的选择倾向。比如，从性别上来说，在阅读时，女孩相对于男孩较为明显的优势就是细心，男孩阅读一本书之后就会读下一本书。但是，女孩则不同，她们会沉浸在这本书的内容里一段时间，然后找一些与这本书相关的书籍或者文章看一看，之后才会慢慢从这个阶段里脱离出来，再进行下一阶段的阅读。根据孩子的这些特点，引导孩子广泛地阅读其他书籍会起到事半功倍的效果。

小可很长一段时间都非常迷恋张爱玲，将她的小说从头到尾反反复复看了好多遍，依然爱不释手。每次看完之后，就深陷其中，无法自拔，以至于对于周围的人和事物都不闻不问。为了让小可从这种情绪中脱离出来，同时能够广泛地进行阅读。小可的妈妈和她聊起了张爱玲的身世，聊着聊着就说到了李鸿章的事迹，将话题引到了历史。妈妈帮助小可分析张爱玲的性格特点和那个历史阶段的关系，然后又顺理成章地将相关的历史书籍推荐给了小可。

没想到，小可不仅没有抗拒，还欣然地开始阅读历史类书籍。通过这种方式，小可的阅读范围越来越广，已经不会像以前那样只是个悲怨的文艺女孩了，性格也活泼了许多。

因此，家长在引导孩子广泛阅读的时候，要多留意孩子的性格和想法，从中找到适当的引导办法。每个孩子成长的环境不同，性格各异，兴趣爱好也会有所差别，聪明的家长可以充分利用孩子的不同的特点，引导孩子阅读更多的书籍。

3.为孩子订阅不同类型的报纸和杂志

培养孩子广泛阅读的兴趣和习惯，需要家长创造有利于孩子广泛阅读的氛围。家里订阅不同类型的刊物供孩子阅读和选择，就是一种比较好的培养方式。

同时，订阅报纸和杂志还可以避免孩子只看教科书的局限，不仅可以激发孩子的阅读兴趣，鼓励他们坚持阅读，还能拓宽孩子的视野，提高学习成绩和丰富课余生活。

需要家长注意的是，在书刊的选择上要注重结合孩子的特点，选择适宜孩子阅读的刊物。而且，刊物还会有阅读年龄的限制。一般来说，适合小学生的读物有《课堂内外》、《智力大王》、《小学生时代》、《大嘴英语》、《儿童文学》、《快乐数学》等；适合初中生的读物有《读者》、《青年文摘》、《意林》、《萌芽》、《世界博览》、《走近科学》、《百科知识》等。

总之，家长在帮助引导孩子广泛的阅读兴趣时，要遵守两个原则：一是要尊重孩子的选择，让孩子自由选择他们感兴趣的书目，不要强硬逼迫，否则会适得其反；二是不能盲目，家长不要盲目购买市场上热卖的报纸、书刊，而应该考虑孩子自身的性格和学习时间安排等因素。

阅读要有始有终，看完一本再看下一本

甜甜的家中有很多书籍，都是她的爸爸妈妈这么一点点积累起来的。每当假期的时候，甜甜就会经常到书房看书。不过，甜甜的阅读似乎并没有让她有太多知识的增长。甜甜的家长不明白问题出在了哪里，直到有一次和甜甜交流之后，才明白了问题所在。

原来，甜甜看书很投入，心情会随着书中的故事情节而起伏变化。每当看到红颜薄命、英雄受辱、小人得志这类的情节时，甜甜就无法自拔地深陷其中，为了脱离负面情绪的影响，她就会不由自主地转向另外一本书，而放下手头正在阅读的这本。

如此一来，尽管很多的书都被甜甜翻阅过，甜甜却不得要领。有一次，甜甜的妈妈问她："甜甜啊，看了这么多书，你能说说里面的内容吗？"

甜甜听后，想了想觉得有好多话可以说，却又找不到合适的表达

方式，或者根本就不清楚到底发生了什么事情，只好无奈地对妈妈摇了摇头。

妈妈感到惊讶，问道："你不是都看过了吗？"

她小声地回答说："我只是翻了翻，都没有看完。"

妈妈听了，对她说道："甜甜，你这样看书不行，看书得看完一本再看另一本，这样收获才会更大，知道吗？不要因为书中有一点儿写得不称你心就把它搁置不理，作者如此安排一定会有他的道理，你不看到最后怎么知道作者的用意呢？"

听了妈妈的话，她决定一定要把一本书看完之后再看下一本。到假期结束的时候，甜甜已经能够完整地和爸爸妈妈讨论几本书的内容了。

甜甜由于过于感性，在阅读的时候掺杂了太多的个人情感，而无法理智地将书读完，这是她阅读的最大问题。随着妈妈的引导，甜甜终于能够正确认识自己的阅读，逐步地走上了正确的轨道，进而也有了很大的进步。

清代曾国藩曾说："东翻西阅，徒徇为外人。"意思就是说如果一个人穿插着看书，那么他是不会真正进入书中的世界的。如果孩子穿插着看书，同样也会影响他对书中内容的理解，不利于孩子通过阅读增长知识，开阔视野。

让孩子按照顺序一本一本地阅读不仅有利于对书中内容和主旨的把握，更有利于孩子系统全面地接收书中所讲的知识，也会养成孩子做事有始有终的良好习惯。

看书容易受到故事情节的影响，掺杂太多的个人情绪是孩子正常的阅读心理和状态。由于孩子身心发育不够成熟，因此需要家长给予正确的引导，以便于孩子改变自己的看书习惯。对于孩子逐本阅读习惯的培养，有如下的建议。

1.鼓励孩子先读篇幅短的书

孩子的发育不成熟，缺乏耐心，如果过早阅读篇幅过长的书籍很容易造成读不下去和半途而废的情况。因此，最好的解决办法就是选择篇幅适中，相对短小的书籍供孩子阅读。

天天的妈妈非常注重他阅读习惯的培养。在天天刚上小学的时候，妈妈就曾经尝试着让天天阅读名著等书籍，发现天天根本没有耐心对着那么一本厚厚的书一页一页地看完。

于是，天天妈妈就帮他买了几本微型小说，开始时只给他一本，等他看完后再给他另外一本。这样，他一本本地看着，一个暑假下来把那几本书都看完了。

经过一段时间之后，妈妈看到他开始对书籍有了兴趣，便有意识地把一些篇幅长的小说给他看。

慢慢地，天天也能看完一整本名著了。后来他渐渐爱上了看长篇小说，见到喜欢的长篇小说就爱不释手，希望尽快地把它看完。

天天的妈妈非常懂得适时引导对于孩子阅读习惯的培养。生活中，孩子刚开始可能不会一本本地把书看完，特别是篇幅长的书籍，家长应该先鼓励孩子看篇幅短的书籍，慢慢地，孩子就会对书感兴趣，这样会有利于他养成看完一本再看另一本书的习惯。

2.帮助孩子分析书的优点

对于一些孩子没有兴趣阅读完的书籍，家长可以通过和孩子共同阅读，或者帮助孩子分析书的优点来提升孩子的阅读兴趣，从而让孩子产生继续阅读的动力。每个孩子的关注点不同，对于书中故事情节、人物的关注也不同。只要家长了解了自己孩子的特点和兴趣所在，才能顺理成章地通过推荐孩子喜欢的内容来帮助孩子完成阅读。

对于有些家长不太熟悉的书籍，则可以通过和孩子一起阅读，共同探讨书的特点来完整地阅读。

3.教孩子学会分解书中的内容，化整为零阅读

对于一本几百页的书籍，不用说孩子就是成人阅读起来也会有一定的难度。因此，将书籍根据内容或者章节进行化整为零的分解之后再给孩子阅读，是一种比较好的阅读方法。

形形是一名初一年级学生，由于活泼好动，总是无法静下心来读书，一些微小说之类的还能看完，可是对于经典的长篇名著之类的书籍就连翻开的勇气也没有。

妈妈为改变她的看书习惯，想了一个办法，对她说："形形啊，以后妈妈和你一起来阅读吧。在看一本书之前，咱们先共同将书中的内容分为多个小部分，然后将一小部分作为一本书来看，这样如何？"

形形想了想，觉得不错，就答应了。之后，妈妈总是将最精彩的章节分到某部分的最后，就好像电视剧一样，每次读完总能吸引着形形忍不住继续看下一部分。这样，经过几个月的阅读训练，形形已经不需要再划分小部分就能完整地阅读完一本厚厚的书了。

形形通过将长篇书籍分解，逐步地培养起了阅读的兴趣和耐心，效果是非常明显的。

化整为零的阅读需要家长或者孩子对一整本书有大概的了解，虽然前期可能会增加家长的工作量，但是从培养孩子良好阅读习惯的长远来看，还是非常值得的。

第七章　开卷有益，良好的阅读习惯让孩子更受益　◇

不动笔墨不读书

大双和小双是双胞胎兄弟，两人在同一个班级上学，可是学习成绩却有很大差异。小双聪明伶俐，记忆力极好，可是却不够踏实。大双虽然有些内向，学习知识也比较慢，但是踏实肯干不怕吃苦。每次考试，聪明的小双都会因为马虎出现很多错误，成绩也和大双相差很多。

又是一次考试，语文试卷中有一道题目是考小双最喜欢的《三国演义》中的内容的。满以为小双能够对答如流，可是结果还是大双答对了。为什么会出现这种情况呢？

原来小双自以为记忆力超群，看过的东西可以过目不忘，因此从来不注重记笔记。尽管《三国演义》看过很多遍，对于其中的故事情节也非常清楚，但是如果要应付考试中细致的问题就会出现遗忘或者记忆不清的状况了。而大双虽然只是在小双不看的空闲时间，翻看过一部分书中的内容，但是会自然而然地将喜欢的内容记录在自己的笔记本上，并且写一些自己的感悟和体会。这次考试的题目刚好就是自己笔记中记录的那一部分。

"怪不得老师总说你的文章写得好，原来你平时读书的时候都会做记录啊！"小双和其他同学听了大双的经验之谈后都豁然开朗。

之后，小双也模仿大双的读书习惯，开始在阅读的过程中做笔记，记录每本书中经典的语句了。

大双的这种边阅读边记录的方法非常适合一些重要知识和内容的学习掌握。生活中，每个孩子倾向的阅读方式不同，有的孩子阅读速度慢，喜欢精读，会仔细品味作者的每一句话。有的孩子阅读速度比较快，喜欢看各种不同的故事情节，体会跌宕起伏的刺激感。不同的阅读方式各有各的优缺点，根据不同的书籍选择合适的阅读方法即可。比如对孩子的学习有着重要作用的书籍，通常适用于边读边做笔记的精读方式，而对于属于课外阅读、知识延展类的书籍则可以使用泛读的方式阅读。

许多伟人也有"不动笔墨不读书"的良好阅读习惯。伟大领袖毛泽东就是其中的一位。从上学时候，毛泽东就养成了"不动笔墨不读书"的习惯；在参加革命后，读书的时候依然坚持做读书笔记和标注。从现存的毛泽东读过的大量书籍可以看到，几乎每本书中都随处可见他点点圈圈、条条线线、朱墨纷呈、潇洒自如的笔迹，这都是毛泽东读书时勤于思考的结晶。

因此，家长可以有意识地培养孩子做读书笔记的习惯。笔记能让孩子对自己所看的图书进行分类和整理，方便孩子日后查询所需的知识和信息，对自己标注的重点内容进行重点复习，起到温故而知新的作用。在培养孩子记读书笔记的良好习惯的过程中，根据笔记内容的不同分为以下几种方式。

1.摘抄式读书笔记

摘抄式读书笔记顾名思义就是将书籍中的优美的词、句用笔摘抄下来的一种记录方式。多积累些文学素材有利于提升孩子的文学素养和写作水平。在孩子阅读的过程中，家长可以教孩子对不同类别的书进行分类，把自己喜欢的段落或语句摘抄下来，或者还可以帮孩子选择一些富有哲理的内容让孩子摘抄。

古人有云：书到用时方恨少。这不仅仅是说一个人读的书少，还指平时读书时没有养成积累好词好句的习惯，一旦要用时就显得有些捉襟见肘。因此，在阅读的时候，家长可以和孩子一起将其中的好词好句指出来，并要求孩子进行摘录，也可以进行讨论和分享，并且要告诉孩子这样做的好处和重要性。孩子在刚开始做一件事时，总是会有一些顾虑，会怀疑这样做到底是对还是不对，也会担心自己做得不好。如果此时孩子得到家长的引导和肯定，那么他会备受鼓舞，更加有信心去做这件事。而且这个过程也会增进与孩子之间的交流。

同时，摘抄好词好句也会培养孩子良好的条理性。积累得多了，对孩子性格方面也有良好的帮助，一些富有哲理性的句子有可能会影响孩子一生。

写下好词好句后，家长可以找个时间让孩子讲解自己对所记下的好词好句的理解，让孩子谈谈是什么触动了他的心灵，他从中明白了什么道理。这样既让孩子觉得自己做的事得到了家长的重视和肯定，又可以让孩子加深对句子的理解。

2.总结式读书笔记

总结式的读书笔记是将书中的某一章节或者段落的主题思想和主要意思加以概括总结的一种笔记方法。这种方法帮助孩子提高对书籍整体内容和结构的掌握和理解，可以训练孩子总结概括的能力。

在孩子通过读书学习新知识的过程中，对知识进行总结和归纳是一种加深记忆的好方法。学习新知识第一步就是要把自己不熟悉的知识了解清楚，把"厚"书读"薄"，从繁杂的描述性语言中提炼出主干知识、重点内容。通过这种总结提炼的方法可以让孩子快速地掌握并记忆新知识。

3.感悟式读书笔记

通过词句的摘抄和段落章节的总结，可以说孩子已经基本掌握了作者的意图和写作思路。阅读最主要的目的是让孩子学到知识，并且能够灵活运用，成为自己能力的一部分。因此，读后感式的读书笔记就显得非常重要。

感悟式的读书笔记，需要给孩子一个自由的想象空间，让孩子根据书中的内容，结合自己的生活感悟整理出自己独特的想法和感受。家长对于孩子的读后感不要在格式和内容上进行过多的限制，这本身就是一个锻炼孩子思维能力的过程。孩子的年龄不同，感悟也会有很大的差异，没有对错之分。家长对于孩子要给予充分地理解和支持。

俗语有云：好记性不如烂笔头。读书笔记对于培养孩子良好的阅读兴趣和习惯是非常重要的环节，家长要给予适当的引导和重视。

多感官并用，提高阅读效率

提提是一名三年级的小学生。三年级新增加了英语课程的学习，提提的好奇心被充分地调动起来。

刚开始的时候，每天回家都背诵26个英文字母。一段时间之后，变为英语单词，再之后是英语句子。随着英语学习难度的加大，对于背诵的要求越来越高，字母和单词的背诵让提提觉得还比较容易，但是到了句子和段落的时候，就明显感到吃力了。

这天，老师布置的作业是要背诵下来当天学的单词和课文，并且要预习明天的内容。提提刚开始还能一个人拿起书来背诵，可是半小时之后就明显坐不住了，放下书就要出去玩。提提妈妈过来检查他背诵的效果，发现几个单词都背得串了。妈妈无奈地摇摇头，拒绝了提提出去玩的要求。

可是，坐在写字台前的提提再也无法集中精力背诵了，一会儿看看下一篇，一会儿玩玩铅笔，一会儿发发呆，总之，完全无法集中精力来背诵英语。

妈妈看到这种情况，无奈地丢给提提一张白纸，说："今天不背诵下来就别出去玩，在这张纸上边写边背。什么时候能够自己背着写下来就能出去了。"

刚开始，提提还是有心无力地糊弄着，在纸上写着句子，过了一会儿慢慢地静下心来了，读一句话，在纸上誊写一遍，然后再想象句子的意思和特点，就这样边读边写，边看边想，用了半个小时居然真的背诵下来所有的句子了。

提提妈妈的无心之举却教提提采用了多感官并用的阅读背诵方式，让提提很快地背诵下来所有的句子。对于其他书籍的阅读也是如此，合适的阅读方法的选择非常重要。方法对了事半功倍，方法不对，不仅起不到良好的阅读效果，还有可能会让孩子丧失学习的兴趣。

多感官阅读的方法自古就受到文人名士的推崇，宋代学者朱熹曾说过："读书有三到，谓心到、眼到、口到。心不在此，则眼看不仔细，心眼既不专一，却只漫浪诵读，决不能记，记亦不能久也。"可见在阅读过程中，多个感官一起协调配合，才能牢固地记住知识。

多感官阅读，指的是在阅读的时候综合运用多个感官，手、眼、口、耳各个器官共同协助大脑进行阅读记忆。多感官阅读的方式通常能够达到最佳的状态，收获最佳的效果。用感官读书不是单单地用某一种感官读书，而应该是各个感官协调配合，做到心到、眼到、口到、手到。

多感官综合运用之所以能够提高阅读效果是因为人在收集信息的时候，参与的感官越多，所得到的信息就越丰富，所掌握的知识也就越扎实。如果在读书的时候能够用多感官阅读法，让多种感觉器官一起参与读书，提高感知的效果，那么阅读效率将会得到很大的提高。这种阅读方法不仅能够使孩子养成良好的习惯，还能让孩子集中注意力，专注地去做一件事。因为，在多种感官协同工作的时候，孩子的大脑处于高度兴奋状态，孩子不易受到外界的干扰。

在培养孩子多感官阅读能力的时候，作为家长应该注意的问题和要点如下。

1.正确使用多感官阅读

多感官阅读比较适合小学的低年级孩子。因为这个年龄段的孩子，注意力不易集中，以无意注意为主，往往凭兴趣去认识事物，具体形象思维占优势。家长要提供给孩子丰富的感性材料，让他们的眼、耳、口、手、脑等多种感官都参与到学习活动中，提高孩子的积极性与兴趣，激发孩子的求知欲。

多感官阅读比较普遍使用的方法就是朗读。在孩子朗读的时候，需要家长为孩子创造一个良好的氛围，这样更有利于孩子集中精力。家长可以和孩子一起分角色朗读某篇文章，也可与孩子一起进行分组朗读、齐声朗读，还可以让孩子阅读某篇材料，然后再提问题，对孩子的阅读能力进行测验。如此，可以诱发孩子朗读的热情，激活孩子思维的火花。

2.安排合适的时间进行朗读

对于孩子多感官阅读的训练，需要家长注意时间的合理安排。很多孩子一回到家，把作业写完就开始玩游戏或者出去玩，他们在家里很少读书，阅读训练就更无从说起了。

家长应该坚持让孩子每天早晨或晚上阅读半小时到一小时，让孩子养成每天读书的习惯，锻炼眼睛和口协调工作的能力。除此之外，在文章的选择上也要花费一定的精力，尽量选择一些文辞优美，适合孩子年龄段的文章让孩子朗读，这样更能使孩子集中注意力，以至于有可能情不自禁地进入角色，深入其中。如果孩子能够注意语调的抑扬顿挫、轻重缓急，富有节奏感，就更好了。

此外，通过让孩子每天坚持阅读，家长还可以发现孩子读书时的一些不良习惯。

3.多感官阅读要做到"四到"

在训练孩子多感官阅读能力的时候，主要是要做到"四到"，即口到、眼到、心到、手到。

让孩子做到口到，如果孩子不张口读书，家长可以指定段落让孩子大声朗读，复述一篇课文的重点。

让孩子做到眼到，如果孩子读书没有停顿，家长要让孩子认真看标点符号，让孩子知道根据文章的内容或说话的意图、感情做适当的强调停顿，注意阅读的速度和节奏。

让孩子做到心到，如果孩子读书三心二意，家长就可以根据文章内容给孩子设置一些问题，让孩子带着问题去读书，这样孩子就会边读边思考。

手到，让孩子在必要的时候应该学会边读边写，这样更加有利于提升阅读的效率，帮助孩子更好地理解。写的内容可以是原文的摘抄，也可以是自己的感悟或者总结之类的话语。写的方式可以是在原文上批注，也可以通过记阅读笔记的方式进行。

孩子学会了多感官阅读的这些方法之后，还应该结合实践加以锻炼。只有在锻炼中孩子才能知道在什么样的情况下该怎么用。

第八章 博闻强识，好记性是练出来的

第八章 博闻强识，好记性是练出来的

在理解的基础上记忆

思思上小学的时候特别喜欢上语文课，尤其是写作课。思思从小就对文字感兴趣，小学的时候就爱写一些每天发生的小故事和自己的心情状态，上了中学后，思思的作文越来越好了。但是思思却不喜欢上中学的语文课。

"妈妈，老师今天又布置了背课文的作业，我现在特别不喜欢上语文课，老师每次讲完一篇课文后总要让我们背诵里面的好几段。"一天晚上思思和妈妈抱怨道。

"是吗？背诵可以锻炼你的记忆力，你的记忆力不是不好吗，正好可以训练一下。"妈妈反问道，"你是不是感觉背诵很难，总是不能完成老师的作业，所以不喜欢上语文课？"

"嗯，我的记忆力确实不好，背东西背得很慢。但是除了可以锻炼我们的记忆能力以外老师让我们背这些课文有什么用呢？尤其是一些现代文，如果是为了提升我们写作的能力我认为完全没必要背诵，只要熟读就可以了。"思思生气地和妈妈说。

"你们所学的课文中的文章都是很经典的范文，当然有背诵的必要了。虽然你现在的写作水平在班里面不错，但是你和那些大家差得远呢！你不能这么骄傲，你必须学会从别人那里学习新的写作方法和思路，这样你才能写得更好。"

"是，我知道了，但是到底该怎么背诵课文呢？我总是记不住，或者是刚刚背了过一会儿就又忘记了。"思思困惑地问妈妈。

"这才对呀,思思应该认识到自己的不足而不是总抱怨老师。"妈妈笑着说,"妈妈这就给你讲讲该怎么背诵课文。你先把要背的课文好好读几次,至少三次,然后回想一下这几个段落的大致内容,看看自己不看书是不是能很清晰地理出思路,如果不行就再继续熟读,如果可以回想起来的话就分段进行理解,分段背诵。如果你把每一段都背得差不多了就把所有的内容都联系起来记忆,理解几个段落之间的内在逻辑关系然后进行背诵。最后等你背完,再重点看看几个段落中比较难理解难背的地方,多背几次,这样你背过后就不容易忘记了。"

中学时期,孩子在学习过程中有许多知识需要记忆。记忆力好的孩子通常学习成绩都很好,会给老师和同学聪明的印象。但客观地说,记忆只是一种不全面的甚至并非高级的智慧,在一定意义上,只是一种机器的智能。智慧的最高表现是创造性。所以,我们没必要对目前还没有掌握记忆技巧的孩子过于担心,因为他们的记忆力不好,并不是因为孩子的智商不高,而是尚未学会如何记忆。

记忆了的东西,不一定能理解,但是理解了的东西更容易记住。只有真正理解了的东西,才能更快地记住和更长久地保持在记忆中。因为理解了的东西可以与孩子已经掌握的知识产生联想,它已经成为孩子大脑知识系统中的一个链条,这个链条与其他链条紧密相连,所以孩子对自己理解了的东西不容易忘记。但是并不是说孩子已经理解的东西就完全不可能忘记,如果不进行适当重复,他们也可能忘记。面对繁重的学习任务,家长需要帮助自己的孩子找到高效的记忆方法,这样他们的学习就会变得更轻松。下面列出了理解记忆的步骤供家长参考。

第八章 博闻强识，好记性是练出来的 ◇

1.教孩子熟悉所要记忆的内容

理解记忆的全面性、牢固性、精确性及迅速有效性依赖于孩子对内容的熟悉程度，只有孩子对内容十分熟悉后，才能深入理解，家长可以教孩子反复熟读所要记忆的内容。

2.教孩子学会概括内容大意

当孩子在记忆某个知识内容的时候，家长首先要教孩子弄清它的大致内容，理清记忆的思路。比如，当孩子在背诵课文的时候，在孩子了解了全部内容后，要让孩子理解前后文之间的逻辑关系，教孩子用自己的话概括课文内容。孩子对课文的整体内容十分熟悉后，才能对局部的内容进行细致的记忆。

3.教孩子把整体进行分解，再进行局部理解

在孩子对事物有了大致了解后，就要逐步深化细节。比如对于一篇长长的课文，要根据结构分成若干个部分，再找出每个部分的主要意思，逐段记忆。

4.教孩子把每个部分再联系起来进行记忆

当孩子把内容的每个部分都理解后，就需要他们进行前后联系，把每个部分联系起来进行记忆。对于背诵课文来说就是要孩子把故事的情节联系起来理解，对于记忆数学定理、法则和规律、历史事件等来说，就要孩子把需要记忆的东西同自己以前所掌握的知识进行联系，把握它们之间的内在逻辑关系，这样就能帮助孩子理解自己所要记忆的新知识。家长不能让孩子对这些内容进行逐字逐句记忆，死记硬背，而是要让孩子在理解的基础上记忆。

5.教孩子重点理解关键点

在孩子对所要记忆的内容全部理解，基本完成记忆过程后，要让孩子找到要点、关键点和自己记忆不牢的点，再次重点理解这些地方并强化记忆。只有通过重点理解这些地方，才能保持较为长久的记忆效果，过一段时间后还能清晰记得最重要的内容。

比较记忆法，让孩子轻松分清新旧知识点

阿强是个努力学习的孩子，他每天都会合理地给自己安排学习的时间，早上会去记英语单词，中午睡觉之前会背诵几篇唐诗宋词，晚上吃完晚饭后还会给自己安排看历史讲座视频的时间。但是在学习的过程中，阿强没有清楚地认识自己的弱点。

"阿强，你知道'莫使金樽空对月'的前一句是什么吗？"同桌在做习题的时候请教阿强，"这是课外的古诗，但你平时背了不少课外的诗词，一定知道吧？"

"很熟悉，我想想，好像是'天生我材必有用'，"阿强自信地和同桌说道，"我昨天好像还见到这首诗了呢，是李白的《将进酒》。"

"不是！阿强，你肯定记差了。"阿强的前桌同学扭回头和他们说道，"我没有记住那首完整的古诗，但是我很肯定地记得里面有一句是'天生我材必有用，千金散尽还复来'，所以'莫使金樽空对月'的前一句肯定不是'天生我材必有用'。"

"你确定吗？我可是昨天刚刚看过呢！"阿强不相信地说。

"真的，你不信的话自己从网上查一查。"前桌反驳道。

"我还是自己找找吧，我这有字典，字典上说不定有呢。"阿强的同桌笑着说，"还是只有字典才最靠谱！"

"那你快查呀！"阿强和前桌不约而同地说。

一会儿，阿强的同桌向两个人宣布了正确答案："阿强你真的是记

第八章　博闻强识，好记性是练出来的　◇

差了，是'人生得意须尽欢，莫使金樽空对月'。"

"好吧，我总是记不清楚，记东西的时候总是想着差不多就行。"阿强惭愧地说。

"你终于承认你是差不多先生了。"两个同学笑着对阿强说。

"那我怎么才能更清楚地记住那些诗词呢？"阿强自言自语道。

在学习过程中，孩子们需要不停地学习新知识，不停地记忆新知识，但是在学习了新的内容后经常会把旧知识和新知识弄混。而且因为中学时期需要孩子掌握的信息量太大，他们也经常把旧知识和旧知识弄混，新知识和新知识弄混。故事中的阿强就是因为记忆的东西太多太杂，但是没有把自己所记忆的内容进行分类和比较记忆，所以经常把知识弄混。孩子在学习中出现了这种情况就需要家长教他们通过比较记忆的方法进行记忆，旧知识之间需要比较，新旧知识之间也需要比较。

所谓比较记忆法，就是对相似而又不同的识记材料进行对比分析，弄清并把握住它们的差异点与相同点，用以进行记忆的方法。例如，将一对、一组或一群拼写相似、读音相近、词义相等的单词拿来进行对比，从中找出异同点，进而记住单词的方法就是比较记忆法。比较能让孩子全面地认识所要记忆的内容，准确地把握它的独特之处，对内容形成深刻的认识。

比较记忆最易引起孩子联想，联想是大脑进行回忆的基本形式。比如在记忆英文单词的过程中，有的孩子由big（大的）可以想到bigger（更大的）再想到biggest（最大的），这种比较方式就是同向记忆；有的孩子却可能由big想到small（小的），这就是反向记忆。教孩子进行比较的过程是在帮孩子进行联想，孩子通过比较就能更轻松更快速地记忆。下面列出了一些教孩子进行比较记忆的方法供家长参考。

1.教孩子把完全相反的事物放在一起进行记忆

孩子在记忆时，家长可以让他们把相互对立的事物放在一起进行记忆，这样所要记忆的内容在孩子的脑中就能形成鲜明的对比，给他们留下清晰的印象。比如，孩子在学习立方体和球体的体积公式时，家长可以让孩子进行对比记忆，明显地区分两者之间的差异。

2.教孩子学会把相类似的事物放在一起进行记忆

很多事物、知识在表面上极其相似，但本质上却有差异，孩子在记忆时，可以找出相似及不同点来对它们进行比较。比如，孩子在学习相似三角形证明的过程中，家长可以让孩子把所有的证明定理放在一起进行记忆，找出每个定理之间的不同之处比较着记忆。通过错误和正确的相似定理的比较能让孩子清晰地记住正确的内容。

3.教孩子学会对同类事物进行记忆

在孩子记忆时可以让他们对同类事物进行联系，进行横向比较记忆。比如，在记忆英文单词中同类词性单词时可以利用比较记忆，指示代词this指代这个而that指代那个，these指代这些而those指代那些；人称代词we表示我们而they表示他(她、它)们；he指他而she指她。

4.教孩子学会按顺序进行比较记忆

孩子在学习知识的过程中有一定的先后顺序，当他们在接触新的内容时可以让孩子把新知识与旧知识进行联系，与头脑中已有的知识做纵向的比较，看它们之间的相同与不同之处。比如，在孩子学习了中国近代历史上的不平等条约后，家长可以让他们把这些在不同时间所学的条约从时间、名称和对应国家对比记忆。1842年8月和英国签订了《南京条约》，1843年和英国签订了《五口通商章程》和《虎门条约》，1844年和美国、法国分别签订了《望厦条约》、《黄埔条约》，1858年和俄美英法签订了《天津条约》，1860年和英法俄签订了《北京条约》，1895年4月和日本签订了《马关条约》，1901年9月和英美俄日法德意奥等国签订了《辛丑条约》。

一张好图表是孩子记忆的"神器"

简简是一名初二的学生，在学习历史和政治上有一套独特的学习方法，所以她每次历史和政治考试的成绩都能在班里排第一名。同学们都十分羡慕简简的记忆力，认为她学得这么好就是因为聪明，记忆力超强。尤其是简简的同桌，每次看着简简的考试卷子都会两眼放光地说："又这么高！"

"干吗这么惊讶，咱们天天坐在一起，你还觉得很神奇吗？"简简笑着说。

"当然，你看看我的卷子，只有78，离你的98差了整整20分呢，我能不惊讶吗？"同桌羡慕地说。

"谁让你平时不好好看书，也不看我做的那些图表，现在考完知道后悔了吧！"

"你考那么好是因为看了那些图表吗？我怎么看着没用呢。"同桌好奇地问。

"一看你就不是'伯乐'，这么好的东西给你看你居然说没用，"简简摇着头说，"别看上面没多少字，但是都是很关键的字，都是帮助咱们记忆知识的关键词。你总说你记不住历史事件的顺序和内容，那些图表就能帮你记忆。"

"是吗？我以为你在那些表上搞创作呢，画得那么奇怪，原来是帮助你记忆知识的工具！"同桌惊叹道。

"做得有创意才愿意看，愿意记吗？你不觉得我做的这个动物系列的图表很萌吗？"简简骄傲地说。

"确实很吸引人，那你教教我怎么看你的这些图表，我也用你的这种方法背背历史，里面的内容太精练了，我有的地方不明白。"同桌疑惑地说道。

"这你就不明白了，图表必须自己做，有的东西需要只有自己能理解的东西代替，比如特殊的标符号什么的。你有时间理解我的图表，还不如自己去做一份呢。"

"原来是这样，好吧，我这就去做。"同桌在简简的建议下也开始采用图表记忆的方法了。

故事中简简利用的记忆方法就是表格记忆法，她就是根据自己记忆历史知识的需要把自己需要记忆的东西进行分类整理，最终制成一张可以让她一目了然的表格，通过这种制表的方法可以让自己快速熟悉需要记忆的内容，对内容进行横向和纵向的联想记忆。

图表记忆法是建立在对材料深刻理解的基础上，对混杂的材料进行加工、提炼和重新组织的过程，是把内容设计成相应的图表，具有清晰明了的特征，要求上更加需要创意。

表格能很好地表达事物之间的时间顺序，善于揭示事物之间的联系，能对零乱信息进行汇总和归类，而且具有一目了然的特点，如果孩子能很好地利用这种方法，能够有效地压缩记忆材料的容量。孩子只需要一张简单的表格就能装下许多庞杂、臃肿的信息，大大提高了记忆的效能。这对于孩子学习历史、政治等需要大量记忆的科目来说十分便利。

图表的类型有很多种，孩子可以根据自己的需要进行创意改造，可以做一览表、系统表、比较表、统计表、关系图、示意图等，这些图表都是很好的记忆方法。

孩子在制作图表时需要注意的是在概括主题和写提要时，用的话语越少、越通俗易懂、越深入浅出、越形象生动则越好。太细致了，图表就失去了原本的意义，同样会使自己感到困惑，设计太呆板则提不起孩子记忆的兴趣。下面以孩子记忆毛泽东的重要著作为例，列出了教孩子进行表格记忆的具体步骤供家长参考。

1. 教孩子收集整理需要自己记忆的毛泽东的相关著作

首先要让孩子科学分析接收到的全部信息，按先后顺序来理解各个部分，通过综合来掌握信息的整体与脉络。中学阶段需要孩子了解的毛泽东著作有：1938的《论持久战》，1949年的《论人民民主专政》，1956年的《论十大关系》和1957年的《关于正确处理人民内部矛盾的问题》。

2. 教孩子把老师所讲的具体内容进行概括和精简

制作表格最终的一步就是精简繁杂的内容，需要他们用自己熟悉的语言把需要记忆的知识进行归纳总结。家长可以教孩子对信息进行比较、抽象与概括，提炼出各个部分的大意，找出记忆的要点、难点、类别和关键词，然后填写在表格里。比如，《论持久战》的要点是中日双方矛盾的四个基本特点：敌强我弱、敌小我大、敌退步我进步（关键）、敌寡助我多助；对比：批驳"速胜论"和"亡国论"；难点：其意义是阐明兵民是胜利之本的思想，即要依靠人民来争取抗日战争的最后胜利，把抗日游击战争放在战略地位考察，依据"中国是一个处于进步时代的大而弱的国家"的国情，阐明了战略防御理论，应承认积极防御，反对消极防御；关键词：持久战预见了抗日战争的三个阶段——防御、相持、反攻。

3. 教孩子对自己的图表进行艺术设计

运用图表记忆方法的目的不仅仅是为了让孩子快速记忆而且还为了引起他的记忆兴趣，如果制作的表格一般化，不吸引孩子的眼球，这样的图表仍然没有制作成功。

图表的形式不仅仅可以通过简单的几个格子表示，还可以做出树状、花状、星系状等，家长可以让孩子发挥自己的想象力尽可能把自己的图表设计得有创意，可以提起自己的记忆兴趣，这样图表记忆的方法就发挥出了自己最大的功能。

联想法，为孩子的记忆力插上"翅膀"

王豆豆是一名小学生，接触的学习内容越来越难，这让她总是有些不适应，学习效率也不高。

今天语文老师刚刚讲了标点符号的使用办法，王豆豆又是一头雾水，这么多的标点符号，怎么能很快就记忆下来，并且能够正确使用呢？

今天的作业就是给一段话标注标点符号。王豆豆先是自己学着标了一遍，在爸爸为她检查的时候，发现没有几处是正确的。爸爸又反复给王豆豆讲解了标点符号的使用办法，可是看着王豆豆依然是一头雾水的样子。

爸爸一看，这样可不行，想来想去，想到了一个好方法。

爸爸教王豆豆学了一段标点口诀，让她在背口诀的过程中，不断思考口诀中的内容，让自己的思维展开丰富的想象力，以此来达到记忆标点符号用法的目的。

爸爸的口诀是这样的：

一句话说完，画个小圆圈（。句号）；

第八章 博闻强识，好记性是练出来的 ◇

中间要停顿，小圆点带尖（，逗号）；
并列词句间，点个瓜子点（、顿号）；
并列分句间，圆点加逗号（；分号）；
疑惑与发问，耳朵坠耳环（？问号）；
命令或感叹，滴水下屋檐（！感叹号）；
引用特殊词，蝌蚪上下蹿（""引号）；
文中要解释，两头各半弦（（）括号）；
转折或注解，直线写后边（——破折号）；
意思说不完，点点紧相连（……省略号）。

通过爸爸的有趣讲解，王豆豆很快就将标点符号和使用办法都记下来了，而且，她还发现，一边想象一边记东西，是十分有趣的一件事。

有很多家长都会有这样的疑问，自己的孩子平时学习很努力，补习班也不比别的孩子报得少，打也打过，骂也骂过，可为什么学习成绩就不见提高呢？其实，这很可能是孩子学习方法有问题造成的。尤其是面对孩子记忆力差的情况时，家长更应让孩子掌握正确的记忆方法，根据不同孩子的不同情况，教给孩子不同的记忆法。如果一个孩子用不正确的方法学习，即使再努力也是不可能取得显著效果的。因此，为了帮孩子提高成绩，家长要帮助孩子学会有技巧性地学习，而不是单单死记硬背地盲目用功。

就像故事中王豆豆的爸爸，他采用的是联想记忆法，通过提高孩子的想象力，来让孩子觉得学习和记忆是一件有趣的事情，从而提高了孩子的记忆力。

联想记忆法简单理解就是利用联想来增强记忆效果的方法。联想指当人脑接受某一刺激时，浮现出与该刺激有关的事物形象的心理过程。一般来说，互相接近的事物、相反的事物、相似的事物之间容易产生联想。

联想记忆法也分很多种，家长要根据孩子的性格特征和学习特点来有目的地进行选择，找到最适合孩子的联想记忆法。

1.接近联想法

两种以上的事物，在时间或空间上接近，这样只要想起其中的一种便会接着回忆起另一种，由此再想起其他。通过这种办法将记忆的材料整理成一定顺序就会更加容易记忆。比如说到大海就会想到船和海鸥，说到春天就会想到百花竞放，这些都是因为时间或空间的接近而产生的联想。

在英语的学习中，可以运用这种接近联想法来记忆单词。将同类的单词进行归类记忆，比如颜色（color）：红色（red）、橙色（orange）、黄色（yellow）、绿色（green）、蓝色（blue）、紫色（purple）、粉色（pink）、黑色（black）、白色（white），通过这样的接近联想可以将单词按照组别进行记忆，记忆的效果会大大加强。

2.相似联想法

当一种事物和另一种事物相类似时，往往会从这一事物引起对另一事物的联想。把记忆的材料与自己体验过的事物相联系起来，记忆效果就好。

国内一些中小学校曾经在低年级学生中做过一项试验：教给这些学生一种集中识字的方法，通过这种方法的学习，学生在两年内认字2500个，可以阅读一般的书籍报纸。这种识字法的根本就是运用类似联想记忆法，即把字形、字音相近，能互相引起联想的字编成一组，像把"扬、肠、场、畅、汤"放在一起记，把"情、清、请、晴、睛"放在一起记。每组汉字的右边都是相同的，每组字的汉语拼音也有共性，前一组的汉语拼音后面都是"ang"，后一组的汉语拼音后面都是"ing"，以此达到快速记忆、牢固掌握的效果。

3.对比联想法

对比联想法是以相反的特征为线索，当看到、听到或回忆起某一事物时，联想到与之相反的事物或者现象的记忆方法。对比联想法是利用了哲学上的矛盾普遍性的观点，从客观世界的任何事物都看到与之对立矛盾的另一面而采用的记忆方法。

对比联想最突出的特点就是抓住事物的特性来增强记忆。这种方法在学习各种科目的时候都能灵活运用，比如学习数理化知识时，可以让孩子将对立的定理、共识进行归类，运用对比联想帮助记忆，如正数和负数、乘方和开方等。

在语文的学习中，对比联想法更能发挥其优势。语文中的文言文和古诗词很多都是严格按照对仗来创作的。这种特殊的格式要求，更加有利于通过对比联想加强记忆。我们背律诗，往往感到中间两联好背，原因就是律诗的常规是中间两联对仗。比如"青苔寺里无马迹，绿水桥边多酒楼"这句古诗中，"青苔"和"绿水"相对，"寺里"和"桥边"相对，"无"和"多"相对。只要记住上句，下句也就不难凭对比联想回忆起来了。

其实，"记忆无难事，只要有方法"，现在通过各种途径家长和孩子都会接触到一些记忆方法训练的培训课程。在一些高考状元的"成功经验"中也会经常介绍运用记忆方法对其学习的帮助。因此，家长要根据不同的内容，让孩子采用不同的记忆方法，学会灵活运用，以此争取用最短的时间取得最好的记忆效果。

学会总结和归纳，让记忆力突飞猛进

小学三年级以前，灿灿一直是班里的前三名，但自从升上了四年级，他的成绩便一天不如一天，慢慢地滑到了二十多名。虽然灿灿的家长并不怎么看重孩子的学习成绩，想让他自由成长，但灿灿自己似乎对此十分苦恼，他觉得自己很笨，其他同学能记住的知识，他总是当时记住，过后就忘了。因此，每次成绩一发下来，就会盯着成绩单发呆，不知道在想些什么。

为此，老师也找他谈过几次话，他自己也从自身寻找过一些问题，也听从同学的建议每天花大量的时间去背诵，但结果总是不理想。这使得他思虑过重，脸上几乎没一点儿笑容，整天皱着一双眉。

渐渐地，灿灿的家长终于察觉到了他的异样。在一次吃过晚饭后，灿灿的爸爸敲门进了他的房间。

"儿子，你最近是不是有什么心事？如果可以的话，能讲给爸爸听听吗？"爸爸一进门，就开门见山地问。

灿灿慢慢地把自己不知如何提高记忆力的苦恼讲了出来，爸爸想了想，说："爸爸觉得，你之所以记忆力不好，是因为没有好的记忆方法，只知道囫囵吞枣，这种记忆方法并不适合你。"

"那我该用什么方法来提高记忆力呢？"

爸爸听后，摇摇头说："这样吧，从今天开始，爸爸和你一起学习，然后咱们共同找出一个最适合你的记忆方法，怎么样？"

灿灿激动地点了点头。

后来，爸爸更加注意为灿灿的学习提供安静的环境。在灿灿放学回家，爸爸几乎停止了一些可能发声的活动，每天只是在客厅看看书、玩玩手机。尽管有着良好安静的学习环境，但是灿灿的学习并没有因此而有起色。

爸爸绞尽脑汁想办法解决这个问题。在和其他家长聊天的时候，爸爸听到这样的事情：有一个语文老师对所有要求背诵的内容都会以归纳法来进行。他将所有的知识点分门别类，根据不同的属性和特点归纳为不同的类别,来让同学们记忆,而这种方法的效果很不错,大大提高了全班同学的记忆力,让这个老师所教班级的语文成绩一直在学校名列前茅。

爸爸想:这种方法是不是也能运用到灿灿的背诵中呢?于是,爸爸精心准备了一个归纳表,把灿灿所学过的知识按照特定的属性分成了不同的类别来让灿灿背诵。

这种方法一经介绍,灿灿的兴趣立刻就来了,在爸爸的帮助下,经过一个学期的努力,不仅灿灿的成绩有了质的飞跃,而且他觉得自己的记忆力也提高了不少。

很多孩子在学习的过程中,总是会有"丢三落四"、昨天背了今天就忘的感觉。在这种情况下,孩子就会开始怀疑自己的记忆力是不是出现了问题,因此心理压力开始增大。而在这种情况下,家长如果置之不理,或者一味地埋怨孩子学习能力差,只会让孩子的心理压力更大,记忆力变得更差。

因此,当孩子对自己的记忆力产生怀疑时,家长要及时地对孩子进行鼓励,并引导孩子找到适合他的记忆方法。

1.让孩子学会正确的记忆方法

提到学习,就离不开背诵记忆,这也是让很多孩子苦恼的地方。数学公式记不住;语文诗词容易背混;英语单词量大、枯燥,更是容易今天背完了明天就忘……由此可见,要想取得好的成绩,就要有好的记忆力。其实,很多时候孩子记不住这些东西并不是因为先天的记忆能力差造成的,而是由于记忆的方式有问题,才会出现记知识不牢固的现象。面对这种情况,家长应对症下药,帮孩子找到正确的记忆方式。

牢记书面知识不是一蹴而就的事情,而是需要平时日积月累,才能在考试的时候熟练地运用。因此,家长应该帮孩子养成今日事今日毕的好习惯,监督孩子把当天需要背诵的任务完成，如果能很好地坚持一段时间，孩子渐渐就会养成每天定量记忆的习惯，这对他们的学习是十分有利的。

2.教给孩子归纳总结的方法

很多时候，孩子的记忆力并不是真的很差，只是孩子还小，不善于在学习和记忆的过程中归纳总结的缘故，但是纠正起来往往效果不明显。原因在哪里呢？其实就在于孩子不知道为什么要总结和归纳，更不知道要如何归纳，才能把各个知识点串联起来。这个时候，家长就可以把归纳记忆法教给孩子，让孩子学会归纳。

那什么是归纳记忆法呢？所谓的归纳记忆法，其实就是将所需要记忆的内容按照不同的特征归纳为不同的类别和项目，通过这些内容的特点来进行记忆。也就是说，要掌握归纳记忆法，要先让孩子学会归纳总结的方法。

由于孩子的年纪还小，可能学习做事等方面都还不能做到及时总结。在生活中，家长应该及时引导孩子尝试总结，让孩子学会去分析事情的利弊。相信一段时间之后，孩子的归纳总结能力会有较大的提高，同时学以致用的能力也有相应的提升。

家长可以告诉孩子"要自己寻找做题的'技巧'、'秘诀'，有了它们你就不再有难题了"，以引起孩子的兴趣，然后指点孩子，寻找做过的题都有什么共同特点，然后告诉他们解题思路其实也是一样的，只要多动动脑筋，鼓励他举一反三、触类旁通。当孩子尝试到甜头后，学习的主动性就会大大增强，相对地，孩子的记忆力也会得到锻炼，记忆力大大提高。

第八章　博闻强识，好记性是练出来的　◇

多做题也能加强记忆

　　林林和小峰是一个班的同学，而且还住在同一个小区里，两人从小就是好朋友。

　　自从升入初中后，林林的成绩就开始下降了，考试时经常遇到不会做的题目，有时连题目考查的知识点都会忘记。初中的科目比小学多，知识也不好掌握。为了提高成绩，林林总是花很长时间去背所学的知识点。可这种死记硬背的方式却见效不大，他的成绩仍得不到提高。

　　与此同时，小峰的成绩却一直在不断提高，很快就超过了林林，在班里名列前茅。这让林林很是疑惑，便向小峰请教学习经验。原来，小峰与林林的最大的不同是，他很少采取死记硬背的方式记知识，而是通过大量做题来巩固知识加强记忆。小峰告诉林林，通过做题不仅能加强对知识的记忆和掌握，还能学会很多解题思路，考试时会得到启发。

　　林林也学着小峰通过做练习来巩固知识。果然，他发现那些知识不用刻意去背就在做题的过程中记下来了，而且运用起来也更加熟练。很快，林林的成绩就得到了提高。

　　面对结构复杂又繁多的知识，小峰采取了通过做题来加强记忆的方式。不仅巩固了知识基础，还学到很多解题方法，从中得到启发，考试时更加得心应手，效果比林林的死记硬背要好得多。

　　升入中学后，面对课业繁多、知识复杂的局面，很多孩子都像上例中的林林一样，采取死记硬背的方式来记忆知识。结果却收效甚微，知识还是记不牢，考试时经常遇到形成了做题思路却忘记公式之类的情况，导致成绩总是得不到提高，有的孩子还会因此失去信心，挫伤学习积极性，甚至一蹶不振。

上例中小峰通过做练习题加强记忆的方法是很有效的。做题时，孩子需要回顾学过的知识，整理解题思路，然后才能解出题目。在这个过程中，孩子不仅回顾了课本上的知识，对其理解也更加深入、记忆更加深刻，运用起来也更加熟练。久而久之，做起题来便会得心应手，知识记得更牢，达到事半功倍的效果。因此，家长应该培养孩子养成通过做题来巩固知识记忆的习惯。以下是一些供家长借鉴的相关建议。

1.预习时做些基础题目加强理解和记忆

在孩子预习完课本知识后，家长可以让他们做一些题目来检验自己的预习成果，加强对知识的理解和记忆。可以让他们做做课本上或辅导书上的例题，看能不能学会对本章节知识的运用。做完后再让他们对照书上的解题过程，加强对本章节知识内容的理解，记得更牢。

需要注意的是，预习阶段不要让孩子做难度偏大的题目。这些题目需要听完课深入理解知识后才能熟练掌握，如果仅仅在预习后就让他们做，可能不仅达不到巩固知识、加强理解和记忆的目的，反而会让他们失去信心和兴趣，更不用说记得更牢了。

2.听完课后及时做题回顾并记忆

家长要提醒孩子，听完老师的课堂讲解后，要及时完成作业和课后练习，以达到巩固和强化的目的。做课后练习的过程中，孩子需要回顾刚才的讲课内容，有时还得翻阅课本，查找相关资料。这些都在无形中帮助他们深入理解和思考刚刚学过的知识，加强记忆。

同时，家长也要提醒孩子，在做课后练习之前，应该先把课本上的知识复习一遍。这样做不仅能帮助他们解决上课时没听懂的问题，还能让他们的知识系统得到及时巩固，利用短期记忆规律迅速把知识记牢，而且避免了他们在做题过程中经常需要翻看课本的情况，提高了做题速度，使练习真正成为检验他们学习效果、加强记忆的一种手段。

3.阶段复习时做全面模拟题

阶段复习时，孩子已经掌握了相当多的知识。为了能让他们全面复习并加强对知识的记忆，家长应该让他们做些考试模拟题。这些题目考查范围广，基本覆盖了他们所学的知识，能够帮助他们回忆所学知识，发现自己遗忘的地方并及时弥补、加强记忆，而且还能帮助他们适应考试。

所谓"阶段"，其实是相对而言的，并不是一个确切的时间段。阶段复习应该经常进行。例如，周末时可以让孩子做套题，回顾这一周所学的知识；月末时让孩子做套月考题，回顾整个月所学知识点。这样就能有效地把短期记忆与长期记忆结合起来，促进孩子的记忆，使他们记得更牢。

4.平时要把各知识点对应的题目积累起来

复习与记忆并不是考前才需要做的事，平时就要进行。家长要培养孩子养成一个习惯，在平时的学习过程中，要把每个知识点相对应的典型题目积累下来。考前进行复习时，先把课本知识过一遍，然后来做这些题目，就能相对全面地回顾所有知识点，熟悉其运用加强记忆。

除此之外，还应该教孩子把那些总是做错的或不会做的题目积累起来，并在旁边标明所考查的知识点。那些题目或者是孩子易出错的地方，或者是他们掌握得不好的地方。考前做这些题目能够提醒他们注意哪些地方自己掌握得不好、不熟练，帮他们回顾并记忆这些知识点，降低考试出错的概率。

陪孩子一起
在学习中成长

在交流讨论中加强记忆力

瑶瑶今年上初二，是个内向寡言的小姑娘，平时不怎么跟别人打交道，学习上遇到问题时习惯查资料，不好意思向别人请教。

这天的生物课上，老师让大家先讨论一下自己在预习中学到的知识或疑问。大家马上开始讨论，只有瑶瑶一个人静静地坐着，一句话都不说。等大家讨论完后，老师又给大家详细讲解了这一章节的内容，问大家还有什么不明白的地方，赶紧提问。瑶瑶有一个概念一直没搞懂，但她却不好意思举手提问，也就不了了之了。

期末考试就要到了，大家都在进行着热火朝天的复习。有的同学还采取了互相提问的方式，帮助彼此回顾知识点。而内向的瑶瑶不好意思加入他们的小组讨论，只得一个人死记硬背，却常常是记得快，忘得也快。

生物考试结束后，大家都说有一道题考察的就是老师强调过的一个知识点，老师还让大家互相讨论过呢，所以很多同学都记得很清楚，那道题就顺利地解出来了。但瑶瑶却丝毫不记得那个知识点了，那道题她根本没有思路，就空着没做。

在同学们纷纷通过课堂讨论，考前互相提问加强记忆时，瑶瑶却鲜少与同学交流，有疑问也不向人请教，知识点记得不牢，考试成绩不理想。

生活中，不少孩子都像瑶瑶一样，很少与同学进行交流和讨论。他们中有的孩子觉得学习是自己的事情，跟别人讨论没有意义，对考试没有帮助，是在浪费时间；有的则像瑶瑶一样，觉得不好意思与人交流或向人请教问题，很多疑问不了了之，知识点没有掌握，更不用说记牢了。长期如此，成绩也就很难得到提高。

其实，与同学就学习问题进行交流是一种很有效的学习方法，能够帮助孩子理解并记忆知识，提高学习成绩。在交流过程中，孩子对知识的理解更加深入，还可能通过别人的看法对知识产生新的理解和看法，学会新的解题思路，激发学习的热情，使自己的思维变得敏锐，知识记得更牢。久而久之，记忆力也得到加强。所以，家长要教孩子学会积极与人讨论学习问题，从而加强记忆。以下是一些相关建议。

1.预习后与同学讨论问题和收获

孩子课前预习后，家长要鼓励他们与同学讨论在预习中发现的问题和学到的知识。在讨论的过程中，孩子会发现，同一个知识点，不同的人却有不同程度的理解，从中发现自己的不足并及时弥补。孩子还会发现很多被自己忽视同学却注意到的知识点，从而弥补自己的知识漏洞，并加强记忆。家长还要鼓励孩子就自己在预习中不明白的知识向同学请教，也许同学不能给出完美的解答，但这个讨论过程却可以帮助大家加深对知识的理解，激发求知欲，记忆更加深刻。

2.课堂讨论和提问要积极

有的孩子不重视课堂上的讨论和提问，觉得该讲的知识点老师已经讲完了，掌握那些就够了，其他的不需要多想。其实，这种想法是错误的。每个孩子的情况不同，重难点也就不同。老师在课堂上讲解的都是针对大多数同学的基础知识，每个人未掌握的知识同等重要。如果不参与课堂讨论和提问，孩子很难发现并解决自己的疑问，容易留下知识漏洞，影响考试。也有的孩子出于羞涩和好面子等原因，觉得向人请教是丢脸的事，会让人觉得自己笨。对此，家长要教他们学会克服羞涩和虚荣心理，要告诉他们，有不明白的地方并不能说明什么，大家的弱势所在不同而已，要让他们勇敢地表达疑问和看法。

因此，家长要鼓励孩子在课堂上表达自己的看法和疑问。在此过程中，孩子很容易发现自己的问题，并在老师和同学的帮助下得到解决，从而加深理解和记忆，有效提高学习成绩。

3.做题发现问题时与同学进行讨论

做课后练习时，孩子有时会遇到不会做的题目。这时，家长要鼓励他们与同学进行讨论，向同学请教。在讨论的过程中孩子很容易得到启发，产生做题思路顺利解出题目。而这个讨论的过程也会让孩子对知识点的记忆更加深刻，考试时更容易记起。

需要注意的是，家长要避免孩子做题时过度依赖与同学的讨论，甚至放弃独立思考，直接问同学方法和答案。家长要让孩子明白，讨论的前提是自己已经经过思考，却还是没有解题思路，题目做不出来，这时才可以向同学请教。当然，即使自己把题做出来了，也可以与同学交流解题方法，这样可以汲取他人经验，互相学习，学会一题多解、举一反三，加强对知识的运用能力和记忆。

4.考前与同学互相提问

家长可以教孩子学会与同学一起回顾知识，备战考试。考前可以进行小组复习，就知识点互相进行提问。比如，在平时的生活中，可以与同学进行简单的英语对话，以此复习所学单词和知识，加深记忆；复习历史时可以与同学就某个历史事件交流看法，讨论其历史意义和影响，帮助彼此复习和记忆。这样的复习能够使孩子思维敏锐，记得更快、更牢。

同时，家长要提醒孩子，与同学交流的目的是帮助彼此复习和记忆，要防止他们在一起复习时贪玩嬉闹，不仅没有加强对知识的记忆，反而荒废学习。

第九章 水滴石穿，学好文科在于不断积累

第九章　水滴石穿，学好文科在于不断积累　　◇

语文学习要"内外"结合

刘文涛今年14岁，是某中学初二年级的学生。在小学时，因为上课认真听讲并能够按时完成作业，刘文涛的语文成绩还算不错；上初中之后，不知道为什么，他的语文成绩发生了明显的退步。妈妈认为他的问题出在他"只看自己的教科书，其他类型的书籍一概不看"上面。妈妈希望他能适当看一些课外书，丰富一下知识。

一天，刘文涛又在看着语文课本，妈妈拿着一本书走过来说："涛涛，你看妈妈给你买了一本什么书呀？"

刘文涛接过书，原来是一本《中学生文摘》。他对妈妈说："妈妈，我现在看教科书还看不过来，哪有时间看这个呀？"

妈妈说："涛涛，你用功读书是好事，这样能让你深刻理解每篇课文的意义和内涵，妈妈很为你高兴。但是要想学好语文，不仅需要你学好课上的知识，还需要增加知识面，多了解一些课外知识。一些好的课外读物不但能够让你学到很多写作技巧，还能够提升你对文学作品的理解与鉴赏能力。这对你的学习也是一种很好的促进呀！"

刘文涛听了妈妈的话，高兴地拿起了那本《中学生文摘》，对妈妈说："我明白了，谢谢妈妈！"在以后的日子里，刘文涛不再只看教科书，而是经常阅读一些课外读物，并经常与同学展开激烈的讨论。慢慢地，他的语文成绩也得到了提高。

173

在上例中，刘文涛只看教科书不看课外书，为了拓展他的知识面，妈妈送他一本《中学生文摘》，并鼓励他多看课外书，刘文涛照做之后语文成绩很快提高了。对于中学生来说，语文学习一定要做到内外结合，不能只局限于在课堂上学到的知识，而要拓展知识面，将眼光放在课堂以外。

在初中阶段，孩子的语文学习侧重点应该是阅读和积累。阅读课外读物不但能够拓展孩子的知识面，还能提高孩子的语文素养，从而帮助自己更好地学习语文。那么应该如何引导孩子内外结合学习语文呢？以下几点建议供家长参考。

1.应鼓励孩子每天读一篇好文章

阅读重在积累，贵在坚持，而不是一朝一夕的功夫。孩子积累的知识越多，脑海中的词汇量越大，运用起来也就越自如。因此，家长要培养孩子长期阅读的好习惯。可以鼓励孩子坚持每天读一篇美文、名篇佳作或者一首小诗，日积月累之后，孩子的阅读面自然会越来越广，在写作文时也就能够得心应手了。

2.要引导孩子正确阅读名著

古往今来，中外名著不胜枚举，它们既是艺术宝库中的珍宝，也是孩子们的精神食粮。中学生应当至少一学期阅读一本名著，比如《西游记》、《水浒传》或者《小王子》等，汲取其中的精华，学习名著的表现形式与艺术手法。

家长还要教会孩子阅读名著的方法。首先，在阅读之前，要对名著的作者及其背景做适当的了解；其次，在阅读过程中要先理清故事情节，再分析人物的性格；最后，名著中往往有很多名言警句，可以积累下来以便日后使用。

3.可以给孩子准备两个笔记本用于摘抄总结

俗话说，"好记性不如烂笔头"，家长应当为孩子准备两个笔记本，一个用来记录课堂上的知识点，一个用来记录课外知识。在孩子进行课外阅读时，家长应鼓励孩子将看到的好词、好句积累下来，以免时间长了以后就忘记了。

除此之外，孩子还可以坚持将自己阅读课外书时的一些感受记录下来，长此以往，孩子就能够拥有一笔巨大的财富。这不仅能够提高孩子的理解能力和阅读效率，还会为孩子的写作打下牢固的基础。

好作文必须多读、多写、多练

许娇是一个正在上初一的女生，受家长的影响，她从小就很喜欢读书，家里的书她几乎每本都看过，平时一有时间她就会捧着一本书看得津津有味。但是许娇的语文成绩从小学到初中一直都很普通，主要原因就是她的作文写得不好。

很快到了期中考试的日子，在考语文这一科时，许娇很快将前面的题做完了。当她看到作文题目《我的家乡》时，马上又开始苦恼起来。看着周围的同学都在奋笔疾书，许娇却没有一点儿写作思路。没办法，她只好像往常一样先构思，后列提纲，再着手开始写。可是刚写到一半，许娇就再也写不下去了。她想借鉴曾经读过的一本作文书中的一篇写景散文，却因为当时只是浏览过一遍，没有用心去记忆，所以怎么都想不起来那篇文章的细节，也就无从写起。于是，许娇开始通过虚构情节和增加抒情语句的办法来增加文章篇幅。

语文成绩公布之后，许娇发现自己只考了75分，其中作文竟然扣掉了18分。从这以后，她对自己的写作更没有信心了。

上文例子中的许娇虽然读过不少书，但因为她都是泛读，浏览一遍就过去了，没有用心去记，读过之后就忘了。人的记忆是有周期的，只有读过之后经过不断地温习才能形成永久记忆。而许娇只是浏览一遍就放下了，到了写作文想用的时候早已经记不清了。

有很多孩子平时不喜欢读书，即使读书也只对书中有趣的故事情节感兴趣，注意力并不在书的精巧构思和表现形式上。有的孩子经常读书却不注重积累，很多精彩内容看过之后过段时间就忘记了。还有的孩子只喜欢读书很少练笔，以至于从书中学到的知识不能很好地融合到自己的作文中。以上这些都是孩子写不好作文的原因。因此，家长要让孩子明白，要想写好作文就必须多读多写多练，针对家长如何培养孩子这一习惯的问题，下面的几点建议可供家长们参考。

1.要教孩子多阅读

孩子要想写好作文离不开丰富的想象力和词汇量，而经常阅读就能够帮助孩子实现这两点。首先，虽然孩子天生就有一定的想象力，但是这种能力和其他能力一样，都需要后天的培养和训练。阅读就能够为孩子提供广阔的想象空间，在阅读的过程中，孩子可以展开丰富的想象，充分联想和创新，其想象力也就得到提高。

其次，很多孩子觉得写作文时无从下手，究其原因就是词汇储备不够。阅读不但可以增加孩子的词汇量，还能加深他们对词语的理解，让他们学会运用，进而提高写作水平。

通过阅读，孩子可以接触到很多优美词句，对语法的理解也会更加深入。这种影响也许最初并不太明显，但久而久之，孩子的语言组织能力和表达能力都会得到提高，他们甚至会变得更加幽默、开朗。

另外，喜爱阅读的孩子还会在阅读的过程中注意总结和积累，培养自己对语言文字的正确、敏锐、丰富的感受力，使自己把握语言文字的能力得到提高，从而增强语言表达能力，提高写作水平。

家长可以从孩子喜欢看的书入手培养孩子的阅读兴趣，以增加其阅读量。家长不应强迫孩子看不太感兴趣的书，而应从他们喜欢的书入手，逐步帮助他们养成广泛阅读的好习惯。只有这样，孩子才能喜欢阅读，主动阅读，并从阅读中汲取知识和智慧。

2.要教孩子养成摘抄的好习惯

家长要教孩子养成摘抄的好习惯。俗话说："好记性不如烂笔头。"如果孩子没能把所读的东西转化成自己的东西，读再多的书也没用。因此，家长要注意教孩子学会摘抄和积累，可以为孩子准备一个摘抄本，把自己觉得优美的词句或段落摘抄下来。这样日积月累，孩子在写作文时就不会因为没有内容、语汇不丰富或文字不生动等原因导致有话说不出来、写不下去了。

除了摘抄，背诵也是阅读的一种重要形式，通过背诵，孩子可以快速地把书本上的东西转化成自己的知识。因此，对于一些经典诗句或散文，家长应该鼓励孩子反复阅读，达到能够复述或者烂熟于心的程度。背诵可以显著提高孩子的写作水平，因为孩子可以吸收优秀作品中的精华，比如文章中优美的词汇、独特的句式、文章的写作技巧以及里面一些新颖的思想、建议等，并运用到自己的作文中。

3.要让孩子坚持练笔

要想写好作文，除了阅读和积累，多练习也是一个非常重要的方法。如果孩子不懂得将书籍里的知识运用到自己的写作过程和生活中，就会失去读书的意义。同样，没有足够的练笔，就不可能在短时间内完成一篇优秀的作文。

著名作家老舍就曾说过："刮一阵风，你记下来，下一阵雨，你也记下来，因为不知道哪一天你的作品就需要描写一阵风或一阵雨。你如果没有这种积累，就写不丰富。"所以，家长要让孩子在平时坚持写日记或者随笔，将每天的想法和感受记录下来。

家长还要教孩子学会修改自己的作文。修改是孩子在写作过程中必不可少的一个环节，包括修改错别字和病句等。可以说，好文章一半取决于修改。因此，家长要调动孩子修改作文的积极性，让他们乐于发现自己的问题，从而提高作文质量。相信经过一段时间的厚积薄发，孩子的写作水平就能够得到明显的提高。

学习古诗词并不难

对于刚升入初一的陈静来说，背诵古诗是她的强项。家住天津的姑妈在她三岁那年给她买过一本《唐诗三百首》，从那以后，陈静就喜欢上了唐诗。在家长的教导下，不到半年的时间内，陈静就把书里面的古诗全都背诵了下来。每当陈静去亲戚家串门或是去家长单位玩时，大家都会让她背诵古诗。听到人们的鼓掌声，陈静总是充满了自豪感。

在陈静上小学后，开始慢慢接触到语文课本上的古诗，因为这些内容对于她来说都已经非常熟悉了，所以她在学习时也比别的同学理解得快很多。老师经常在讲解古诗之前请陈静为大家示范朗读，就这样，她的自信心越来越强，学习效率也就更高了。

升入初中之后，陈静开始学习《钱塘江春潮》等自己没有背诵过的古诗。按照习惯，她还是先熟读古诗，让她自己没想到的是，在读了十遍之后，她不仅已经大致理解了这首诗的意义，还把它一字不落地背了下来。语文课上，老师重点表扬了陈静，说她对古诗的悟性很高，这让她的学习劲头更足了。

古诗词是古人记录某件事情和表达内心情感的一种方式,大多对仗工整并且富有意境,其内容以及表达形式都非常吸引人,往往能够通过短短的几句话将自己的很多想法表达出来。这种独特的魅力也使得古诗词受到了很多学生特别是小学生的喜爱。但在孩子升入中学之后,由于所学知识点难度的提高和篇幅的增加,他们在学习古诗词的过程中会遇到很多问题。比如,很难理解古诗词的意思,或者无法进行通篇背诵等。这些原因都容易导致他们对古诗词失去原有的兴趣。

事实上,中学古诗词的内容并不难理解,之所以有很多孩子会出现上面的问题,只是因为他们学习古诗词的方法不当。如果孩子能掌握正确学习古诗词的方法和技巧,就能使他们对古诗词的兴趣只增不减,最终取得事半功倍的学习效果。下面有几个方法供家长们参考。

1.教孩子正确地朗读古诗词

俗话说,"书读百遍,其义自见。"孩子在学习古诗词时也是如此。"读"不仅能够让孩子初步感知古诗的意境和作者的情感,还能帮助孩子牢牢抓住古诗词中的关键词语。家长需要提醒孩子注意的是,在朗读古诗词时需要注意以下几点:首先,在朗读时要读准每一个字的读音,并且要尽量读出其中的韵味,通过语气节奏的快慢不同来更好地理解诗人的情感;其次,在读诗时可以一边读一边在脑海中形成一幅画面。一首好诗也会是一幅很美的画,如果孩子能够想象出诗中的画面,也就不难理解其中的诗意了。

2.教孩子了解作者的写作风格

我国有很多类型的古诗词,如思乡、写景、壮志未酬等,还有很多派别的古诗词,如婉约派、豪放派等。其中每种类型的诗词又有很多的代表人物,他们在抒发自己的情感时,都会有独特的表达方法和自己独特的思想情感。

因此，孩子在学习古诗词时，应当尽量多地了解作者的写作风格及生平往事，这将会对孩子学习古诗词有很大的帮助。通常作者的信息会在诗词下面的注释里出现，家长要让孩子学会在学习诗词之前先看注释中的作者信息，从而帮助孩子更好地分析诗词。

3.教孩子学会理解诗词中的意象

古诗词的意象一般都有着固定的象征意义，无论古诗词属于哪些类型，是哪位名家所写，其中一些意象的含义都是不会有太大偏差的。比如，"杨柳"一般用来抒写离情别绪，"菊"一般用来赞扬某人的高傲，松、梅象征高尚的节操，牡丹象征富贵，柳象征送别、留恋等，诗人在用到这些意象时，一般都和自身联系起来托物言志。比如，在《爱莲说》中，作者周敦颐就以"出淤泥而不染，濯清涟而不妖"的莲花来表达自己对理想人格的肯定和追求。所以，如果孩子能懂得这些意象的含义，也能在分析诗词时更加得心应手，在其固有的象征意义基础上，再结合具体的诗作来理解全诗的主旨。

4.引导孩子了解古诗词的结构特点

古代诗词的种类有很多，比如诗、词、曲、赋等。每个种类又可以分为多种类型，以古诗为例，古诗可分为绝句和律诗。再往下细分还有五言绝句（律诗）、七言绝句（律诗）等。每个类型的诗词都会有独特的写作方法，如果孩子能学会分析诗词的结构，那么，也就能更有效地翻译出诗词的意思，增强自己对诗词的理解能力。

再以律诗为例，律诗的写作非常严谨，每一篇律诗都要有定句，每句都有定字。不仅如此，律诗的韵也要有定位，字有定声，联有定对。如果孩子在学习律诗时先了解律诗的结构，就能在他翻译律诗时，更容易分析出其含义。

所以，家长要教孩子在学习古诗词之前先了解诗词的结构特点，这样才能让他在学习时更加游刃有余。

中学生如何学英语

张明今年正在上初一，在刚刚过去的期中考试中，张明的总分在班上排名第十八。其实他的其他科目都考得不错，主要就是英语给他拉了后腿。张明觉得自己始终都没有找到学习英语的窍门，对于老师讲解的各种语法，他也都是一知半解。

在小学学习英语时，张明只要按照老师的要求把一些单词背下来，再会使用一点基本的语法就能拿到很高的分数了。但初中英语就不是那么简单的了，初中英语老师在讲课时已经逐渐减少汉语的使用了，更多的是让同学们一起说英语。张明平时听力练得少，听不懂老师说的英语，通常都是老师说了汉语之后，他才能反应过来刚才老师说的是什么意思。在这时老师已经进行下一个环节了，这就让他总是跟不上老师的节奏。渐渐地，张明对英语这一学科产生了反感情绪，甚至在上英语课时偷偷看小说，或者跟其他同学互相通过传纸条聊天。

上文事例中的张明在学习英语的过程中遇到了一些问题，使得他对英语失去了兴趣，变得自暴自弃起来。初中英语是孩子学习英语的分水岭，有很多孩子就是因为刚升入初中时不适应突然加快的学习节奏和老师全新的授课方式，导致在学习英语时出现知识脱节的现象，从而使英语成绩明显下降。

有很多孩子因为英语成绩无法提高，从而导致他在参加中考时总成绩排名靠后，最终考不上理想的高中，影响今后的发展。由此可见，在中学时期学好英语对于孩子来说非常重要，而家长帮助孩子学好英语也就显得尤为重要了。但是家长要清楚地意识到，孩子学好英语并不是一朝一夕的事情，需要他付出持之以恒的坚持与努力，这样才能让他的英语成绩稳步向前。以下的几个方法供家长们参考。

1.教孩子多听课文

孩子学习英语最终需要提高的四大能力就是"听、说、读、写"，其中"听"排在首位，听力在考试时也占有接近20%的比例。很多孩子一想到"听力"就头疼，还有很多孩子在考试时会把听听力的时间用到答其他题上，然后自己蒙听力题答案，这样的做法是坚决不可取的。其实听力并不难，只要孩子能多加练习，就能把其分数都拿到手。

家长可以通过以下几个方法帮助孩子锻炼听力。第一，利用睡前时间听听力。孩子学习一天已经很累了，在他睡觉之前可以让他一边躺在床上闭目养神，一边听一小段听力，让他在休息之余也能锻炼自己的听力。第二，利用吃饭时间听听力。每天早上孩子都会起来洗漱，然后吃饭，家长可以利用这个时间给他放一些听力。这样做既可以节省孩子学习的时间，又能帮助他锻炼听力，可谓一举两得。第三，通过听英语歌或者看英语视频锻炼听力。当孩子不愿意听乏味的听力练习时，家长就可以适当地给他换一种学习方式。比如，让他听一些英语歌曲陶冶一下情操，或者看一些英语电影、动画片等放松一下心情。这样可以让他的学习状态得到舒缓，也能让他进行听力的练习。当孩子进行一段时间这样的练习之后，他就能逐渐听懂听力的内容，从而提高自己的听力水平了。

2.鼓励孩子多读多用英语

有些孩子在做英语选择题时往往会犹豫不决，出现"看哪个选项都像是正确答案"的错觉，尤其是遇到自己没有记住或者陌生的词汇时，就更加不知道应该如何选择了。而有些孩子就不一样了，他们即使遇到了不知道什么意思的生词，也能从容地选择出正确的答案，这就取决于孩子有没有很好的语感。

语感并不是很实际的东西，而是一种感觉，这种感觉虚无缥缈，但切实存在。语感对孩子学习英语有着至关重要的作用，有些语感强的同学，读几遍课文之后就能凭借语感把课文记牢，甚至在他做选择题或者填空题，再或者是阅读题时，都能利用语感来帮助自己既快又准确地做出答案。

那么，语感是从哪里来的呢？学习英语讲究听、说、读、写，这四种方法都可以提高孩子的语感，尤其是多读英语和多说英语。因此，家长可以让孩子在日常生活中多读多用英语，当孩子用英语阅读文章或与他人交流时，他的语感就能得到良好的锻炼。孩子的语感增强之后，就能够轻松应对那些考试中出现的"拦路虎"了。

3.教孩子通过看英文影视作品和读英文名著学习英语

一位语言学家曾说过："一个词本身是毫无意义的，除非把它运用到一个文本中。"在孩子的英语学习中，文学名著和影视作品就是最理想的文本。阅读英文名著或观看影视作品既能够培养孩子的语感，还能培养孩子的阅读技巧和运用英语的能力。

家长可以为孩子购买一些原版原著的英语作品或名著，看英文原著不仅能够增添孩子阅读的兴趣，还能在无形中提高孩子的英语能力。比如《初中生演讲故事集》、《中学生科普英语》、《圣经的故事》、《希腊神话故事》等，如果是高中生则可以购买《高中生英文歌曲》、《空中英语教室》、《著名英文小说选》、《经典散文》、《经典演讲录》等。家长也可以为孩子下载一些英文原声影视作品，如《冰河世纪》、《阿甘正传》等。

初中生学习历史、政治有窍门

王晶是个正在上初三的学生,她的语文、数学和英语成绩都很出色,但历史和政治两科就不是很理想了。这是因为在王晶刚升入初中时,她认为只有三门主科是最重要的,其他课程不需要花费太多时间。

有了这种心理之后,王晶在历史和政治课时的注意力就没有那么集中了。老师布置的作业她也没有用心完成过,每次都照着其他同学的答案直接抄。于是,每次考试的时候王晶都无法取得理想的总成绩,以至于无法提高自己的排名,但她每次都不以为然,依然认为只要主科成绩好就行。

王晶对学习历史、政治的兴趣一点儿都不高涨,她感觉这两科都是很枯燥没有意思的,尤其反感那些需要背诵的知识点。好在中考的历史和政治是开卷考试,有很多东西不需要她花太多时间背,只要能找到在书中的位置即可。虽然如此,她在平时的考试中依然遇到了很多问题。

首先,历史和政治考试中的题型都非常灵活,很难在书上找到合适的答案。王晶本来就对这两门课没有什么兴趣,她看书的时间也少之又少,对课本上的内容并不很了解,所以,当她在找答案时就感觉很吃力,找了很长时间都无法找到一道题的答案。

其次,很多同学通过平时的积累与记忆都能很快地把选择题做出来,根本不用找书。王晶在做选择题时可就费事多了,由于她做选择题

第九章 水滴石穿，学好文科在于不断积累

也需要翻书，导致她的答题速度很慢，每次考试都答不完卷子。

不仅如此，历史和政治考试中还有很多时事题和分析题，这些题型主要是一些考查学生综合能力的拓展题。老师在讲课时对这方面的知识点做了很多的补充，可是，王晶并没有用心去记，对这方面的知识了解得很少，在考试时也就无法写出准确的答案。

王晶的历史和政治成绩一直都无法提高，眼看就要中考了，王晶为此很着急。

上文事例中的王晶是一个历史和政治成绩不好的中学生，她在学习这两科时的兴趣并不浓厚，考试前的准备也很不充分，因此她每次考试都无法拿到理想的分数。

在有些地区，历史和政治在中考时是属于开卷考试的学科，因此相对其他学科来说比较简单，只要孩子在学习时稍下功夫就能取得比较理想的分数。可是，面对这样比较简单的学科，有很多中学生在考试时依然成绩很差，这就说明他们的学习方法不得当，或者存在偏科现象。

首先，历史和政治没有物理、化学那么难学，也不像语文、英语那样需要长时间的知识积累。孩子在学习这门课程时，只需要上课跟着老师把重点学会、看懂，然后把书吃透，在考试时能快速地找到所需要的知识点就能得高分。

其次，孩子在上初中时很容易出现偏科现象，如果孩子在学习这些学科时无法调整自己的学习状态，就有可能影响到其他科目的学习，甚至会把在这些学科上不注意听讲的状态带到主要学科的课堂上，这样就对孩子的学习成绩有很大的影响了。因此，无论是哪种原因，家长都应教会孩子掌握学习历史和政治的技巧，并学会利用开卷考试的优势提高自己的分数，以帮助孩子在考试中取得更优异的成绩。以下的几个方法供家长们参考。

1.要教孩子熟读课本

历史和政治考试都属于开卷考试，孩子只要能找到问题的关键知识点就能把题答出来，这就需要他对书本有透彻的了解。因此，家长要让孩子把教科书多通读几遍，并不需要把书都背下来，而是让他能对里面内容有一定的印象。当孩子能看到问题之后很快就能反映出来答题所需要的知识点，并且能知道它是在哪一本书的哪一章节里，那么他的考试成绩就不会差了。

2.让孩子学会做阶段性的总结

历史和政治是比较好学的课程，它们不像物理、化学那么难学的主要原因在于，这两科的知识点有阶段性的特点。因此，家长要让孩子学会进行阶段性总结，从而提高自己对该阶段知识的掌握能力，以达到提高成绩的目的。

孩子做阶段性总结的最直观的方法就是画树形图，通过树形图不仅能使知识结构更加清晰，还能加强他的记忆。以历史为例，首先，用树状图列出个个章节的标题。其次，列出每一节内的小标题。再次，列出每个小标题内的重要知识点。最后，在每个知识点上做详细分析。

孩子以上述方法做好树状图之后，整个章节的内容就清晰了。但是，在画树形图时需要注意以下几点：第一，尽量不要在图上画出无关紧要的知识点，以免影响自己的复习思路；第二，树形图的精华就在于，它可以把知识点分得很细，尤其是孩子在做最后一步对知识点进行分析时，要考虑全面，比如，与该知识点有关的定义，其作用以及影响因素等，都进行概括总结，以免出现遗漏的现象。

3.让孩子懂得答题方法与技巧

历史和政治的问答题是有很多方法与技巧的，有很多同学工整地把答题卡写满了却没得多少分，而有些同学没写多少答案就能得很高的分。这就说明老师在判卷时主要看的是知识点，并不在意与知识点无关的内容。所以，

第九章 水滴石穿，学好文科在于不断积累 ◇

孩子在做问答题时，要注意方法与套路才能拿高分。

首先，审题是答题的关键。在这两科的问答题中会有很多让孩子混淆的字样，如果在审题时不细心谨慎，就会把题答偏了，从而无法得到理想的分数。其次，条理要清晰。孩子在做问答题时，最忌讳的就是乱写一通，让判卷老师看不清知识点在哪里，就会影响孩子的得分情况。所以，在答题时，最好是用序号把问题的知识点一一列出来，让判卷老师一目了然，这样才容易得到分数。

第十章 熟能生巧，学好理科妙招一二三

第十章 熟能生巧，学好理科妙招一二三

理科学习解题思路比结果重要

果果上了初中后对于理科科目的学习十分发愁，每次考试对于她就像是一场磨难一样，很多题自己见都没见过，根本不知道从哪里下手，更别说写出完整的解题过程了。

看到大家都在草稿纸上写写画画，而自己只能对着卷子发呆，什么也写不出来，果果十分痛苦。

"妈妈，我真的不是学理科的料，文科的科目我轻轻松松就能把那些知识点记住，但是理科的科目没有记忆性的考试题目，基本都是思考型的，我一点儿思路都没有。"果果回家和妈妈抱怨道。

妈妈很是理解果果的心情："果果不要太着急，妈妈知道你一直很努力地想学好理化生，只要有这份志气你一定可以学好的。妈妈上中学的时候理科成绩也不好，但是后来找到了学习理科的方法，经过一段时间的训练成绩果然就上去了。"

"那是什么方法？"果果好奇地问。

"就是要训练自己的解题思路，开拓自己的思维。理科学习更加要注重每一类型题的解题思路而不是某道题的最终结果。"妈妈耐心地说道，"你以后做题不能只求做题的数量而要保证质量，要好好审题，看清问题提问的方向，你再仔细联想一下自己学过的知识点，这样训练下来你一定能有所进步的。"

"原来思路也能训练，那我一定要试试这种方法。"果果胸有成竹地说。

"还有平时在学校做作业如果遇到自己确实无法解答的题目时，千万不要自己一个人冥思苦想，那样只能白白浪费时间，你可以去找老师或者同学，可能别人一个细小的提醒你就能联系到解题思路。"

"但是我不好意思，妈妈，那样会不会显得我特别笨，大家都会的题我都不会。"果果低着头说。

"你这样想是不对的，每个人所擅长的东西都不一样，可能你的语文好，他的数学好，另一个人的外语好，所以大家要经常在一起交流，通过相互之间的提问和解答才能取长补短。没人会嘲笑你的。你应该正视自己的弱点，这样才能学好理科。"妈妈对果果教育道。

中学理科科目学习的目的是为了训练孩子的抽象思维能力和相关的计算能力。考试中各个类型的题目考查的主要内容也是这两个方面。孩子在解决理科科目的相关问题的时候最容易出现的问题就是自己不会做的题总是不会，思维总是不能立即反映出相关的知识点。这是因为在理科学习的过程中，训练孩子的解题思路很重要。

家长作为孩子在学习中的辅导者要教孩子不应该只关注某一题的计算结果，而是要重视这类型题的解题思路，这样才能达到举一反三的效果。下面列出了一些帮助孩子训练解题能力的方法供家长参考。

1.教孩子认真审题，从问题中读出思路

孩子审不清题就盲目地做题，是在浪费时间。有时问题中提供的数据和相关内容就是对解题思路的一种提示。审题，就是要了解题中已知什么，要求什么，隐含什么，解题的依据是什么，解题方法是什么，等等。

首先，孩子要抓住题目中的理解关键词语，关键词语是指题中的一些限制性语言，或是对变化方向的描述、对变化过程的界定等。其次，要学会挖掘隐含条件，有些题目的已知条件直接给出，有些则非常含蓄地隐藏在文字叙述之中。最后，要果断地排除干扰条件，有时候题中的已知条件和解题没有联系，但很容易对答题者的思维产生干扰。理科的选择题一般都有解答技巧，家长要告诫孩子把时间放在审题找技巧上，不要浪费在盲目地计算中。当然，必要的计算也是少不了的，但是考试中绝对不会出现仅凭复杂的机械性的计算就能得分的题。

2.教孩子做具有典型性的例题

理科的考试题目都是围绕书中所讲的固定的知识点和原理定律而出的，所以很多题目考查的是同一个问题。家长要教孩子选择性地做一些有价值的题目，不要只看重做题的数量和最后的结果。让孩子多做些各种类型的题目可以帮孩子开阔思路。当考试中出现看似是新题的题目时，孩子应该学会从自己所见过的典型性的题目中寻找思路，不要胡思乱想，那样更不容易理出头绪。

3.教孩子多与同学和老师进行交流

孩子做题没有思路的时候千万不要忘了老师和自己身边的同学。有些孩子因为面子或者性格的原因不愿向老师和同学问自己不会的题，但学习过程中多和别人交流是一个打开自己解题思路的好方法。所以，家长要鼓励内向胆小的孩子主动和老师交流自己不会的问题，告诉孩子完全没必要害怕老师。对于不好意思询问同学、害怕丢面子的孩子，家长要教孩子学会虚心求教，告诉孩子每个人都不可能什么都会，同学不会因为他不会做某道题而嘲笑他。对于自己确实无能为力的题目，孩子不应该花费太多的时间，最好的选择就是问老师和同学。同学之间进行头脑风暴有利于开阔自己的思路，而老师又有丰富的经验，可以引导自己得出解题思路。

日记不是语文的专利

数数的妈妈是一名数学老师,所以给他起了个小名叫"数数",希望孩子能和妈妈一样喜欢数学。

果然数数上小学后对数学表现出了浓厚的兴趣,等他上中学后,数学成绩在年级里总是数一数二的。班里的同学们都很羡慕数数那么优秀的数学成绩,大家都认为数数一定是遗传了家长出色的数学思维。

"数数,你的脑筋怎么那么好呢?数学几乎每次都是满分。"数数的一个同学好奇地问他。

"什么脑筋好不好啊,咱们都一样,我又没有比大家多长一个脑袋。"数数笑着说。

"那你说说这是怎么回事吗?我怎么就老是考不好呢?我上课也好好听老师讲课了啊。"同学难过地说。

"问题就在这儿,你只是听老师讲课而已,下课并没有做什么功课,老师讲的知识还是老师的,并没有成为你的知识。"数数有模有样地给同学上起了教育课,"我们现在考试中考查的数学知识并没有很偏、很怪,所以只要上课认真听老师讲课肯定是能理解的,但是下课后不能把当天学的东西放在一边,再也不去看它。如果这样,那么今天学的东西就算是白学了。你总以为自己上课听会了就行,结果怎么样?下次等到自己做的时候是不是还是不会?"

"对对,我经常就是这样。"同学激动地说,"你怎么知道的?真是神了。"

"因为我一开始也这样,不过我把我的情况和我妈说了以后,她给我提供了一个好方法。"数数得意地说。

"什么方法?"同学问道。

"就是每天写写数学日记,是不是很新鲜?"数数看着同学惊讶的表情问道。

同学不停地点着头。

"数学日记和咱们平时写的日记也没什么不同,就是围绕自己今天学的数学知识和自己做的数学题写写自己的感想和体会。写作文写的是自己的情感,写数学日记就是把自己对其他事情的感想变成了对数学知识的认识和自己做数学题的反思。"数数具体地给同学解释道,"比如,你今天学到了哪些新的知识点,老师今天讲的解题思路你是不是还记得,你今天有没有好好听老师讲课……"

这个同学在数数的建议下也开始写数学日记了,一个月后数学成绩果然有了明显的提升。

中学的数学考试考查的主要还是基础知识,难题也不过是在简单题的基础上加以综合。所以课本上的内容是很重要的,如果孩子连课本上的知识都不能掌握,就没有触类旁通的资本。对课本上的内容,孩子上课之前最好能够首先预习一下,否则就不能及时跟上老师上课的思路。

有的孩子经常认为自己在课堂上听懂了,但实际上对于解题方法的理解还没有达到一个比较深入的程度,并且非常容易忽视一些真正的解题过程中必定遇到的难点。所以家长必须教孩子学会对每天所学的内容进行总结,及时把课堂例题反复演算几遍,毕竟上课的时候,主要是老师在进行题目的演算和讲解,自己是在被动地接受知识。

对于数学题目的解法，光靠脑子里的大致想法是不够的，一定要经过周密的笔头计算才能够发现其中的难点并且掌握化解方法，最终得到正确的计算结果。所以，以提高孩子的数学成绩为出发点，家长可以参考以下方法教孩子写数学日记。

1.教孩子用日记回忆当天所学的知识点

每天晚上回顾一下当天的数学课堂上都学习了哪些内容，哪些已经掌握了，哪些还需要进一步的思考，不要看书，能回想起多少就是多少，这样不但能巩固所学知识，更重要的是能检查孩子对当天所学知识还记得多少，然后把能回想起来的知识加以梳理、整理后写下来，写完后还可以打开课本对照一下，看都有哪些知识记不起来了，回想不起来说明还没有掌握，你也可以特别地把它记下来，然后加上说明："这些知识我今天没有掌握"，以警示自己，同时，也等于复习了一遍。

2.教孩子用记日记的方法写出数学题的反思和解题思路

孩子还可以对自己的数学学习过程进行反思，在日记中写写自己哪些题掌握得比较好，哪些题出现了错误，错误的原因是什么，今后如何避免同样的错误。每天都可以反思一下今天数学知识的得与失，比如，每天的课前预习是否做得到位、课堂听讲是否专心、课堂上积极思考了没有。

可以写解一道数学题的解题思路，也可以把在学习数学时、做数学题时碰到的疑难问题写在日记中，请老师帮助解决，也可以探究某道题的多种解法，并记录下每种解法的解题思路等。

3.教孩子每天及时写出总结

家长可以教孩子写学习数学的总结，包括在学习中总结出来的好的学习方法，也可以写在学习时遇到的一些困惑。比如，可以让孩子回想一下今天还有哪些问题一直没有搞明白，今天课堂上的作业出现了哪些错误，然后分析一下自己做错的原因。这样就能很清晰地让孩子看到自己每天所学到的知识和学习中出现的问题，帮助孩子及时调整自己的学习方法。

结合生活培养孩子的物理感觉

小炎是一名初二的学生，刚刚开始接触物理知识和理论。

"妈妈，我们现在有物理课了，今天上了第一节课，但是我感觉物理好神秘，不知道该怎么学，我肯定学不好。"小炎回家和妈妈倾诉道。

"今天上了第一节课，那还没有正式开始学炎炎怎么知道自己一定学不好呢？"妈妈对女儿开导道。

"老师今天上课给我们举了一些生活中的物理现象，我完全不知道，老师解释了半天原因可我还是不明白那些物理现象为什么会发生。"小炎和妈妈说到自己的困惑。

"原来是这样。"妈妈继续开导女儿，"既然是第一次接触物理知识，肯定每个同学都不能立刻把老师讲的内容完全理解，不过有的孩子接受得快有的孩子接受得慢。小炎不要着急，只要你上课认真听，先把老师讲的基本的物理知识点和原理记下来，以后可以逐渐在生活中理解、体会它们。"

"是吗？那是书本上的理论比较重要还是认识生活中物理现象和原理比较重要？"小炎疑惑地问。

"这两个一个是目的，一个是方法，它们都很重要。开设物理这门课就是为了让你们认识现实生活中的各种物理现象和原理，只有你掌握了基础的物理学知识才能学会自己分析生活中的现象。妈妈记得中学课本中学的好像是关于热学、力学、电学、光学、磁学的知识。"妈妈给小炎解释道。

"是,我今天看了我们的新书,里面好像是有这些名词。"小炎崇拜地看着妈妈,"那妈妈的物理一定学得不错吧?"

"那是当然,小炎以后有不会的问题可以问妈妈,妈妈以后也会经常和你讲一些生活中的物理常识。"妈妈得意地说,"比如,晾衣服要保持通风是因为加速蒸发,夏天吃雪糕周围有白烟是因为周围空气遇冷液化,油炸食品水分含量低是因为油和水的密度不同,氢气球能飞上天是因为它的浮力大于重力,放鞭炮大地震动是因为声音靠波传播,跷跷板和筷子的设计都运用了杠杆原理。"

小炎听妈妈这么一说更是惊讶得不得了,在妈妈的鼓励下她认识到物理也没有什么可神秘的。

很多孩子都认为物理难,有些刚开始接触物理的孩子由于种种因素,不能适应物理的学习,物理成绩的不理想使其对学习物理的信心产生动摇,甚至影响到其他学科。良好的心理素质能对孩子的学习结果产生重大的影响。因此,家长应该让孩子调整好心态,对物理始终保持一种相信自己能行的积极态度,告诉自己不要轻易放弃。

那么怎么才能找到学习物理的感觉呢?首先孩子在课堂上要掌握一定的物理知识,对知识点进行细分和整理,特别是定理,总结出各种知识点之间的联系,在头脑中形成知识网络。这样家长就可以在生活中帮助孩子提升物理素养,让他们在生活中培养出学习物理的感觉,以提升自己学习物理知识的能力及成绩。下面列出了一些教孩子在生活中培养物理感觉的方法供家长参考。

1.教孩子理解生活中的物理现象

日常生活中有很多事情都和物理知识有关，如果家长能在自己做家务等日常活动中随时随地教孩子学会观察、理解物理现象，那么一定能激发起孩子学习物理的兴趣，让他们感到学物理其实也很容易。所以家长可以多了解一些生活中的物理知识然后告诉孩子，比如，切菜磨刀后切得快，是因为相同压力受力面积越小压强越大；烧水时气泡上升越来越大，是因为随深度减少水的压强减小；饺子煮熟了会浮到水面是由于饺子的密度变小，体积变大，浮力变大；揉面会疲劳是因为力的作用是相互的；剪子把越长剪东西越轻松是由于杠杆原理。

2.教孩子利用物理知识分析自然现象

孩子们对神秘的自然界都充满好奇心，而物理正是一门研究自然现象和原理的科目，家长可以利用孩子对自然界的好奇心，教孩子利用物理知识对生活中的自然现象进行分析，这样也能帮助孩子培养出学习物理的感觉。比如，由于光的折射，肥皂泡可以呈现出五颜六色的样子；由于光的反射湖水可以倒映美丽的白帆；由于光的折射星星会闪烁，筷子在水中看起来像"折了"一样；由于镜面反射的原理，月亮夜晚"发光"……

3.教孩子在生活中运用物理知识

孩子在课堂上学的物理知识需要及时巩固，他们需要的不仅仅是完成老师的课堂练习，认真完成课下的作业，除了这种知识理论性的练习，孩子也需要实际问题的"练习"。这样才能逐渐培养孩子的物理素养，让他们调整好自己学习物理的心态，所以家长要教孩子学会联想，在生活中运用物理知识。比如，在孩子学习了磁场能产生电场后，家长可以让孩子想想为什么电磁炉可以加热食物；当孩子认识到物体功率不同单位时间产生热量不同时，家长可以让孩子想想为什么电饭锅可以设定各种程序；当孩子明白了热空气遇冷玻璃液化为小水滴后，家长可以让他们想想为什么冬季煮汤时窗户会出现白色的雾气……

教孩子用故事法巧记化学知识

点点是一名初二的学生，开学后，课堂上新增了一门导入性质的科目"化学"。点点喜欢上化学课，也喜欢看老师做实验，但是却很发愁去背那些抽象的化学方程式，还有大量的实验现象、实验过程和实验原理。她发现自己总是张冠李戴，把一个物质和另一个物质的内容弄混。

"妈妈，我这次的化学成绩又没有及格。"点点懊恼地和妈妈抱怨。

妈妈看了看点点的试卷帮她分析道："你知道学化学最弱的地方在哪里吗？"

"不知道。"点点摇摇头。

"你计算类型的题大部分还都能算对，但是一到实验题你扣分就扣得很厉害。你不是和妈妈说你喜欢做实验吗？为什么还答不好呢？"妈妈问道。

"我记不清每个实验，总是把它们混在一起。"

"原来是这样，妈妈教你一个好办法。你不是喜欢看电视剧吗？电视剧里的情节你是不是记得很清楚？"妈妈耐心地说道。

"对啊，电视剧里的情节我看过一遍就忘不掉，记得清楚着呢。"点点得意地说。

"那化学实验过程不能看作一个小故事吗？那个物质就是主角，操作步骤就是故事情节，实验现象就是不同角色的对话，实验结果你可以想象成是最好的故事结局呀。"妈妈一边做手势一边给点点解释道。

"这么一说其实记忆实验也不是那么难啊!"点点惊叹道,"妈妈好厉害,这个方法很适合我。"

经过妈妈的指导,点点把这种方法运用在了记忆化学知识上。考试中,点点果然可以很顺利地写出实验名称、实验现象、实验原理和实验过程了。

化学虽然是一门理科性质的科目,但是也有很多需要记忆的基础知识。关于化学有一种说法,就是化学是理科中的文科,因为化学要记要背的东西很多,而且化学是一门实验性很强的学科,因此在化学的学习过程中需要孩子将阅读与动手、动笔结合,要自己动手推演、计算、写结构式、写化学方程式,或者动手做实验,来验证、加深印象和帮助理解,有时还要动手查找资料来核对、补充某些材料。

不过化学知识之间是有内在规律的,掌握了规律就能驾驭知识。如化合价的一般规律,金属元素通常显正价,非金属元素通常显负价,单质元素的化合价为零,许多元素有变价,条件不同价态不同。

在孩子记忆化学知识的时候要教他学会抓规律找技巧。用故事联系记忆的方法可以帮孩子提升记忆效率。下面列出了一些具体的方法供家长参考。

1.教孩子将实验情节想象成故事情节和画面

化学学习中有很多实验现象、过程和原理需要孩子记忆。如果孩子找不到科学的记忆方法,就很容易将不同物质之间的现象、原理和过程混淆。面对孩子不能清晰分类记忆的情况,家长可以教孩子将抽象的实验浓缩成一个故事情节或者画面来记忆。比如,配置一定物质的量浓度的溶液,它有很长的实验过程,但是孩子可以把它进行归纳,总结成几个故事画面"计算、称量、溶解、转移、洗涤、定容";对于过滤中需要注意的事项可以归纳为

"一斜二低三贴"这三个情节。

2.教孩子用形象的比喻记忆化学知识

化学知识是关于抽象的微观世界的内容，有的孩子很不容易理解。但是如果给孩子打个具体的比方孩子就很容易理解了，也便于孩子记忆。比如，把地球比作原子核，把能力高的大雁、老鹰等鸟比作能量高的电子，把能力低的麻雀、小燕子等鸟比作能量低的电子。能力高的鸟常在离地面较高的天空飞翔，能力低的鸟常在离地面很低的地方活动。有机化学烯烃中有双键，易发生加成反应和聚合反应，乙烯发生聚合反应时生成聚乙烯，可形象地运用手插在一起"C=C"和手拉手"—C—C—"做比喻。

3.教孩子展开联想、发散记忆

联想是记忆的基础，是记忆的重要手段，在记忆化学知识的过程中孩子如果能充分发挥自己的想象力，从多方面联想，就能使分散的化学知识得到归纳和整理。比如相似联想：从硫化氢在空气中燃烧的现象联想到某某物质的燃烧现象，从某一物质与一种物质的反应原理、现象联想到它与另一种物质的反应原理、现象。相关联想：从某物质的毒性联想到有毒气体的处理及有毒气体的封闭式收集方法等。相反联想：从红磷无毒联想到白磷有毒，从氯化氢气体可用浓酸制取而碘化氢不能用浓酸制取。因果联想：从钠在空气中易被氧化联想到钠应该保存于煤油中，从浓硫酸有很强的吸水性联想到浓硫酸可用于干燥剂等。

文理结合才能学好生物

苗苗是一名初二的学生，虽然她是个女孩但是生物却学得特别好。

第十章 熟能生巧，学好理科妙招一二三

同学们都很好奇，生物应该属于理科的科目，需要很强的逻辑思维能力，为什么苗苗能学得那么好呢？苗苗也是在初二的时候刚刚开始接触生物这门课程，并没有比大家多了解它，但是苗苗在爸爸的引导下掌握了学习生物的有效方法。

在苗苗开始上生物课后，她的爸爸就经常帮助她一块熟悉课本，了解对于苗苗十分陌生的新知识。

"爸爸，生物不是一门理科性的科目吗？你为什么总让我看这些文字性的概念和解释？这样有用吗？"苗苗对爸爸的要求很奇怪。

"苗苗，生物对你是不是一门新鲜的东西，你以前是不是一点儿都不了解？"爸爸反问女儿。

"我只是听别人说它属于理科类的科目，确实不怎么了解。"苗苗诚实地回答道。

"那对于你很陌生的东西，你是不是必须先把它里面的专业性的知识和概念理解了以后才知道应用？"爸爸耐心地给苗苗解释道，"这就是那句俗话'死记才能活用'。"

"那我确实得好好读读课本里的这些内容，以前我完全没有听过这些词，什么脱氧核糖核酸、静脉、动脉、毛细血管……"苗苗认可地点点头。

"生物就是为了让你们更好地认识这大千世界中的各种物种及它们的结构，让你们了解自己的身体，学习人和植物、动物、自然界之间的关系，所以你有很多新词要认识，有各种各样的植物、动物、人体构造的名称。"爸爸继续给苗苗解释道，"但是生物确实也需要你进行思考和分析，不仅仅是单纯地记忆就可以学好的。"

"那我还需要干什么呢？"苗苗问道。

"你们在学习的过程中会做很多实验，还会学习制作图表，所以你

203

还得会分析实验,计算实验的相关数据,整理制作成图和表。"

"原来是这样啊,这些内容就用到了我们在数学上学的东西。"苗苗似乎明白了。

"苗苗果然很聪明,生物其实就是得把文科和理科的学习方法结合起来才能学好。"爸爸对苗苗夸奖道。

生物是正确了解身体,学习人和植物、动物、自然界之间关系的科目。它既要让孩子获得基础的生物知识,又要让孩子领悟研究过程中的观点原理以及解决问题的思路和方法。生物这门科目要求孩子主动参与进来,尝试自己提出问题、获取信息、寻找证据、检验假设、发现规律,有利于培养孩子理性的思维习惯,形成积极的科学态度,增强孩子的综合素质。

有的孩子把这门科目完全当成一种理科性质的科目来学习,但总是不能取得好成绩。这是因为在生物学习的过程中既有需要理科性的思维方式、计算能力,同时也需要孩子对认识性的知识进行记忆,比如生物学中的各种概念、分类和定理等。所以家长要让孩子学会把文科学习的方法和理科学习的方法相结合,这样孩子才能学好生物。下面列出了一些教孩子进行文理结合学习生物的方法供家长参考。

1.教孩子仔细了解课本内容

生物课本中有很多专有名词和基本概念,这些都是孩子在生活中不经常接触到的,刚开始学习的时候他们总会感到很陌生,学习起来很困难,所以要让孩子认真阅读课本,了解课本内容并对这些专有名词和概念进行记忆。因为有的东西都是人为定义的,没有什么分析和理解的必要,所以孩子只要了解并记忆就好了。但是孩子在记忆的时候家长不能让他们死记硬背,而要运用文科性的记忆技巧,把日常用语和科学用语互做比较,确实理解整理后再记忆。根据每单元的学习目标,抓住需要记忆的关键词,联系各个概念进行对比记忆，把所学的内容进行整理再联系起来记忆。这样孩子记忆起来就会轻松很多。

2.教孩子养成写实验观察日记的习惯

实验是生物学习中不可缺少的一个环节，而实验观察是孩子在做实验中最常用的一个方法，但是仅仅是观察并不能让孩子真正理解并掌握生物知识。家长可以教孩子把自己每次观察到的实验现象记录下来，以便以后查看，防止自己忘记。孩子在观察的时候可以先把观察到的东西全部快速记下来，之后再进行整理和分析，把实验的目的总结出来，按照实验操作的步骤写出自己观察到的现象，用记日记的方式来完成自己对实验观察的记录。

3.教孩子学会做实验、读图、读表

生物学习中老师会让孩子做很多实验，实验有很强的目的性和逻辑性，需要孩子运用理科性的思维方式，所以家长要让孩子把握实验目的，把实验结果跟自己的想法做比较，找出差距，并分析差距产生的原因。

比如，孩子在学习植物内部各部分的组成内容的时候就会发现微观世界中的植物和自己在生活中所见到的植物不同，这就需要他们正确了解显微镜的结构和使用方法，直接观察了解各生物的特征。在孩子学习生物的过程中他们还会看到很多图表之类的记录性的内容，这些图表的制作有一定的逻辑性和数学关系，所以对于这类知识的学习，家长就要让孩子学会运用理科性的学习思维方法。要正确把握课本上的图像、表格、相片所表示的意思，并教他们把所学的内容跟实际生活联系起来理解，把内容用图或表格表述后，再进行整理和理解，实验整理以后再跟基本概念联系起来理解。

理科学习要善于总结

王浩是一名初三的学生,马上就要面临中考了。他的文科成绩很好,但是理科却总是在拖总成绩的后腿。王浩最发愁的一个问题就是自己在平时的考试中总犯相同的错误,而且自己在复习中发现,自己会的东西怎么也忘不了,不会的东西怎么也学不会。基础的问题对他来说不是难事,但是一遇到有一点儿新意的题型王浩就慌了神,找不到解题思路。

王浩知道提升理科成绩最有效的办法就是做题,所以他买了很多试卷,想利用课余时间多做一些训练。

"王浩,你这么做题不累吗?"王浩的同桌看他又在课下做题便问。

"累啊,我也不想做,但是我的数学成绩总不好,不做题怎么能提高呢?"王浩发愁地说。王浩看同桌一副"你这么做没用"的表情便和他打趣道:"你的数学成绩在咱们班一直不错,你告诉我你是怎么学的,我也没看你多做多少题啊?你是不是都是回家才暗暗下功夫。"

"我哪有你这么肯下功夫这么肯吃苦啊。其实中考时候的数学题特别具有类型化,就是最典型的题型,不过是在条件上给你设置了点儿小障碍。我做题不求数量,只求题型全。你见过我的数学笔记本吗?"同桌认真地和王浩说。

"见过,数学又不是语文什么的,你做什么笔记啊?"王浩好奇地问。

"数学笔记当然和文科类的笔记不一样,我那个笔记本上都是对最新习题类型的总结,还有对自己曾经做错的题型的总结,你把自己不会的题学会才有用,并不是做的题越多你会的题型就越多。盲目的题海战术只会让你很累。"同桌回答道。

"是啊,天天看这些枯燥的题我都想吐了,感觉越做越没有效果。"王浩难过地说。

"是吧?给你看看我的笔记本,要是有你不会的题型你可以摘出来,先自己研究研究,实在不明白就问我,别老一个人闷闷地做卷子了。"同桌好心地说。

"真是太谢谢你了。"王浩放下自己的笔看起了同桌的数学笔记本。

几乎每位同学在中学都遇到过事例中的情景,自己刚练过或老师刚刚讲过的一道数学题,在下一次考试中又碰到原题或类似题,仍然照错不误。这种情况就说明了孩子在理科的学习过程中不善于总结。错题暴露了学生知识的薄弱环节和思维方法的缺陷。这些错误对学生是非常关键的,每次阶段考试前如果你把这些错题都解决了,在考试中就会避免同类错误出现,成绩就会有明显提高。因此,理科虽然和文科不同,需要记忆的东西比较少,但是理科的学习同样需要总结,要对错题进行阶段性整理。

孩子们通常认为对于理科只要多做题就可以了,往往会把总结错题的环节忽视掉,所以家长在孩子学习理科科目的过程中要教他们学会总结自己近期做过的题目。

1.教孩子学会做理科科目的笔记

对于理科的科目，孩子上课的时候应该紧跟老师的思路，先把自己不会的题听懂，不要着急在课堂上做笔记。但这并不意味着不要孩子做理科科目的笔记，孩子要在听懂老师讲解的基础上自己在课下做好总结，以防自己几天后就忘记这种题的解题思路。笔记的作用就是，在自己已经忘记解题思路而又不能马上询问老师的时候通过查看自己的笔记从而对解题思路一目了然。而且在课下总结笔记的时候还要教孩子学会有选择地记录，并不是老师讲的所有内容都必须一字不差地写下来，而是要把自己完全没有解题思路的题和自己因为失误而算错的题摘下来，这样以后翻阅的时候才会有针对性。

2.教孩子在总结时运用对比的方法

要教孩子学会寻找不同的题型、不同的知识点之间的共性和联系，把学过的知识系统化。举个具体的例子，高一代数的函数部分，我们学习了指数函数、对数函数、幂函数、三角函数等好几种不同类型的函数。但是把它们对比着总结一下，你就会发现无论哪种函数，我们需要掌握的都是它的表达式、图像形状、奇偶性、增减性和对称性。那么孩子可以将这些函数的上述内容制作在一张大表格中，对比着进行理解和记忆。在解题时注意函数表达式与图形结合使用，就能很轻松地得出问题的答案。

3.教孩子在总结的时候运用综合的方法

对于理科的学习很多孩子的方法就是一个人闷闷地做题，缺少与其他同学的沟通和交流。家长应该让孩子学会利用身边的资源，学会利用其他同学的学习成果，而不是一味埋在自己的习题里。自己做过的题目毕竟是有限的，如果同学们可以把大家的总结成果一同分享，那自己的总结就能做得更全面。所以家长要让孩子在总结知识的过程中学会运用综合的方法，不仅要将自己的错题改正誊抄在笔记本上,还要主动询问其他同学,向同学们收集不同类型题目的解题方法,把其他同学出错的题目也有选择地眷在自己的错题集上进行借鉴。这样做不仅有助于提升自己的学习成绩,还能在分享知识的过程中体会到快乐,刺激自己对学习的兴趣。